JN306688

愛子さまが将来の天皇陛下ではいけませんか

女性皇太子の誕生

GS 幻冬舎新書

332

はしがき

敗戦（一九四五年）後の国家の大事は、半世紀以上を経ても容易に収まりません。

むしろ最近は、ますます深刻となっていると思われます。相次いで起こる未曽《みぞう》有の天災・地変とともに、占領憲法に根ざす国民精神の廃退、それにつけこむ近隣諸国の思想的侵攻、過激に反応する攘夷《じょうい》論調（外国人を実力で排斥しようとする考え方）の高揚。内外ともに多事多難の到来に、国運は混迷の危機にあると申せましょう。なかんずく、私が深く憂えるのは、特に〝皇統《こうとう》の前途〟であります。

政党内閣が幾変遷しても、建国以来の天皇陛下をいただく「国体」（国家の形）の揺るがぬ限り、ヨットの重しと同じで、盤石《ばんじゃく》の基礎の上に立つということは間違いありません。

ところが敗戦後のY・P（ヤルタ・ポツダム）体制の結果、民主主義、自由主義の謳歌のもとに、「天皇観」が動揺し、皇族・皇統についての不穏な言論が横行してきました。ことに日本国体の中核を形成している「皇統」の、安定的永続の成否が危殆《きたい》に瀕してきました。

本書は**第一部**「女系天皇への理解」と**第二部**「女性皇太子の誕生」の二つに分かれ、**第一部**

では主として〝男系男子固執派〟の諸氏の説と、正面から率直に対決しています。内容は表題通りですので、激しい〝憂国の論争篇〟としてお読みいただきたい。私の学者生命を懸けての戦いです。

第二部は、今年（平成二十五年）に入ってますます切迫してきた次代の「皇太子」のお立場について、一般的に考えられているように、〝男系男子〟に限られるのか。それとも〝女性〟の〝皇太子誕生〟も可能なのか。いや進んでいえば、むしろ現状では、〝女性皇太子の誕生〟こそが道理ではないか、という理由を、私は『皇室典範』に底流する〝男尊女卑〟思想とからめて、具体的に主張していますので、忌憚《きたん》のない御意見をお寄せください。

ちなみに第二部は、私の営む小さな出版社・青々《せいせい》企画のウェブサイト「戀闕《れんけつ》の友へ」からの転載の形をとっています。

「戀闕」という言葉は、確かに難しく一般の辞書にも無いものが多いですが、「戀」は「恋」の旧字体で、「闕」は「宮城の門、また天子の宮城」を指し、両者で〝大君をいとおしく思う心〟を意味しています。幕末、維新に近い時代、〝天下の英傑〟と慕われた真木和泉守《まきいずみのかみ》から、「戀闕第一等の人」と称せられた平野国臣《ひらのくにおみ》に、次の歌があります。

斯くばかり 悩める君の 御こころを 休めまつれや 四方の国民《くにたみ》

これが「戀闕」の精神です。この言葉は、多彩な日本語の中でも、最も美しい〝宝〟というべき国語ですので、どうか敬遠しないで、愛用していただきたいとお願いいたします。（平成二十五年九月二十四日）

第一部は過去の原稿をまとめていますので、その初出論文の発行年月を次に記しておきます。

第一部　初出論文
第一章　女系天皇で問題ありません（『諸君！』平成十八年三月号）
第二章　〝女系天皇〟の是非は、君子の論争でありたい（『諸君！』平成十八年五月号）
第三章　西尾幹二氏に問う「日本丸の船主は誰なのか」（上・下）（『日本』平成二十年七月号・九月号）
第四章　皇位継承の危機（上・下）（『日本』平成二十一年二月号・三月号）
第五章　女系天皇公認の歴史的正当性（『わしズム』三〇号、平成二十四年三月）

愛子さまが将来の天皇陛下ではいけませんか／目次

第一部

女系天皇への理解

第一章　女系天皇で問題ありません
——国民の常識に呼びかける

皇室典範の改正をめぐっての数年来の紛糾

平成十七年（二〇〇五年）十一月二十四日、小泉純一郎首相に「皇室典範に関する有識者会議」から皇室典範についての改正報告書が提出された。

その内容に〝女性天皇〟も認められるというので、本来、国体護持派のはずの一部学者の中に、もともと、皇統は〝男系男子〟でなければならないのに、これは〝女系〟天皇への途を開くもので、〝未曽有の改悪〟〝皇統断絶〟と叫び、これらの論者主導によるデモ行進や、テロを危惧する発言まで飛び出した。民族派の諸団体や保守政党の一部にも、それに同調し、反小泉の政局にからめる気配も出てきた。

その結果、私の最も憂慮したのは、この問題で、皇族の間に意見の分裂がおこることであり、もしそのようなことがあれば、それこそ〝内乱の勃発〟〝国体の破壊〟となるので、緊急にこの一文を月刊誌『諸君！』に発表した次第である。

皇室の祖神、天照大神は女神

先般（平成十七年十一月十五日）の紀宮清子《のりのみやさやこ》様と黒田慶樹《よしき》氏との御婚儀《こんき》の行われた帝国ホテルの特製神殿には、わざわざ伊勢神宮から奉遷《ほうせん》の「天照大神《あまてらすおおみかみ》」が祭られ、神宮の北白川道久《きたしらかわみちひさ》大宮司《だいぐうじ》が自《みずか》ら斎主《さいしゆ》をつとめられた。

天照大神は、いうまでもなく皇室の御祖神《ごそしん》であり、女神である。また日本神話の中の圧巻は、天照大神の弟のスサノヲの尊《みこと》が、ヨミの国に神去《かむさ》られた母神（イザナミの尊）を慕って泣き続けられる叙述である。生みの母を恋うのは神話に限らず、古今東西、人の子に共通の心情であろう。一方、古来より男性が外で働き、女性が内を守って、夫婦相和《あいわ》するというのは神の摂理であって、心身ともにそのように生成されている。

そして私は、近来一部の論者の唱えるような過激な男女同権論に与《くみ》するものではない。しかし国家にせよ、家庭にせよ、場合や事情によっては、男に代わって——あるいは男と並んで——女が表に立つ必要もあり、それがかえって望ましいことのあることをも理解している。もともと男女に、知能の優劣や、尊卑の差別等があるわけではないからである。

「万世一系」の独り歩きを戒める

女帝・女系反対派が、盛んに「神武天皇」以来の「万世一系」の伝統――「男系男子」――と強調し、それに共鳴して三笠宮寛仁親王殿下《みかさのみやともひと》が同様な御発言を繰り返されるのを見て、私には心中秘かに苦笑を禁じ得ないものがある。

というのは『諸君!』で別に連載した「祖国再建」(二十五回。まとめて青々企画より上下二冊の著書として平成十八年十二月に発行)の前半で、私が詳論したように、戦後の学界では、「神武天皇」の存在そのものを否定するのが通説であり、実在の証明されない神武天皇に因む〝二月十一日建国記念の日〟には断乎反対すると、東京大学の史学会総会で席をけって立ち去られたのが、他ならぬ、寛仁親王の御尊父・三笠宮崇仁《たかひと》親王殿下であったからである(拙稿、『諸君!』平成十七年八月号)。

当時は皇統の「万世一系」も疑われて、王朝交替論が流行していたのに対し、私は四面楚歌《しめんそか》の中で「神武天皇」の実在を論証し、それ以降の皇室中心の「万世一系」を主張してきたのであった。

しかし公平に見て、まだ学界では私の努力が完全に稔《みの》ったとは思えないのに、昨今のマスコミに、これほどまでに〝神武天皇以来の万世一系〟説が一般化したことは、私には面映《おもは》ゆい。同時に注意すべきことは、安易に「万世一系」が唱和され、それが国体讃美の合言葉として独り歩きをすると、一種の皇国美化史観になりかねないという危険性である。

「万世一系」というのは、有数の歴代天皇の御徳望と、皇国護持に身命をささげた忠臣義士の誠忠の賜物《たまもの》であって、危機や辛苦なしに自然に導かれた国体の精華ではない。

まして単に男系男子の皇統をつなぐために、一部の為政者が工夫をこらして皇統系譜の連続を図ったというような軽薄な政略ではない。初めに私は、この点を指摘しておきたいと思う。

それとともに看過してならないのは、皇国美化史観的な「万世一系」論が、これまで眠れる獅子ではないが、レフト陣営の天皇制批判を目覚めさせ、奥平康弘氏の『「萬世一系」の研究』（平成十七年三月、岩波書店発行）等が、にわかに日の目を見るようになってきたことである。真に国体護持を考える学徒は、「女帝」問題に目を奪われるだけでなく、神武天皇の建国以来の国体の歴史について、今後はさらに深い研鑽に努めるべきであろう。

「天壌無窮の神勅」とは何か

「万世一系」の言葉は今や流行語となっているが、「天壌無窮《てんじょうむきゅう》（天地とともに永遠に続くの意）の神勅《しんちょく》」といっても、戦後の歴史教科書には見えず、一般の人々にはおそらく死語となっているであろう。

しかし私の理解では、「万世一系」は過去の歴史の成果ではあるが、国体の現在および未来を展望して、より重要な原点は、「天壌無窮の神勅」にある。

これは『日本書紀』神代巻《かみよのまき》（天孫降臨《てんそんこうりん》第一の一書）に見え、天照大神が皇孫のニニギの尊を、高天原《たかまがはら》から豊葦原《とよあしはら》の中《なか》つ国《くに》（日本国）に天降らせた時の神勅で、次の通りである。

（天照大神）皇孫《すめみま》に勅《みことのり》して曰《のたまは》く、葦原《あしはら》の千五百秋《ちいほあき》の瑞穂《みづほ》の国は、是《こ》れ吾《あ》が子孫《うみのこ》の王《きみ》たるべき地《くに》なり。宜《よろ》しく爾《いまし》皇孫《すめみま》就《ゆ》きて治《しら》せ。行《さきく》ませ。宝祚《あまつひつぎ》の隆《さか》えまさんこと、当《まさ》に天壌《あめつち》と與《とも》に窮《きはま》り無かるべし。（原、漢文）

これを一見すると、単に皇室側で創作した自画自讃の神話のように思われようが、決してそうではない。

もともとこの神勅が、『日本書紀』の本文でなく、一書として伝えられていることは、誠実に諸説の一つを伝承した態度として貴重だが、この思想の発生を、私はおそらく天智天皇の御《み》代《よ》頃と見、天智天皇による有名な〝不改の常典〟——君臣の義を正す宣言（詳しくは私の『著作集』第六巻所収「天智天皇の不改常典」を参照されたい）——と表裏一体をなす未来への言挙《ことあ》げであった、と考えている。

そしてこのような神勅の形での公言を、この時代に堂々となし得たということは、つまるところ、建国以来の歴史がこの時代まで実際に皇統連綿として発展的に継承せられてきたという事実があるからであり、その史実がなければ、この言挙げはとうていなし得なかったであろう。

その意味で、「神勅」の存在は、第一に過去の日本の実績を闡明《せんめい》（明瞭にすること）するものといってよい（詳しくは私の『著作集』第十一巻1所収「〝天壌無窮〟の神勅について」を参照）。

そして同時に、第一の史実を踏まえて、この国の天壌とともに極まりない未来永遠の発展を期待する宣言であった。

今、この点を私がことさらに強調するのは、これがニニギの尊の祖母神である天照大神から授けられた「神勅」――「是れ吾が子孫の王たるべき地なり」――であるからであって、いわば日本国体の原理が、女神による言挙げにあることを明確にしておきたい故である。日本国体の原理も、皇室の祖神も、天照大神という〝女神〟にもとづいていることを忘れてはならない。

かつては皇統を永続するために計九人もの側室をもつ制度があった

もっとも、昔から多くの国々では、家系の基盤と永続を重んずる立場から、一夫多妻の風習があり、わが国の皇室をはじめ、豪族においても例外ではない。

特に皇室の場合は、『古事記』や『日本書紀』を見れば明らかであり、それを法制化した養老の継嗣令《けいしりょう》では、皇后《こうごう》以外に、妃（二員）・夫人（三員）・嬪（四員）の計九名の側室《そくしつ》が公認されていた。

これは古来の風習の一面と、シナの令制に倣《なら》うものだが、これだけの用意があっても、その結果は、歴史上の実例として、皇統の男子の約半数が皇后の嫡出（婚姻関係にある男女から生まれること）以外の「皇庶子孫」である（このことは、従来も歴史家の常識であったが、近年、特に「庶系継承」の事例の数字を示して、世人の注意を喚起したのは高森明勅氏である）。

この事実を無視したり、あるいは隠して議論する「男系男子」論者があるが、それは偏向といわねばならない。歴史や伝統を理解する上で大切なことは、公明正大な史実を基礎にすることである。近い例では、明治天皇の御生母は中山慶子典侍《ないしのすけ》であり、大正天皇の御生母も柳原愛子《なるこ》権典侍《ごんないしのすけ》であったが、ともに後に「儲君《ちょくん》（皇太子）」に治定《じじょう》（決定）され、〝皇后の実子〟として「立太子（正式に皇太子として認めること）」されている。

側室制度の廃止を決断されたのは昭和天皇

この歴史の実例を十分に承知されながら、かような旧来の側室制を進んで廃止して、一挙に近代的な一夫一婦の美風を実現されたのが、他ならぬ英主昭和天皇であられた。

しかし、これは、明治の『皇室典範』にいう皇統の「男系男子」継承の立場からは、大きな危険をはらんでいた。

それ故、実はこの時に、旧典範の「女帝」も含めた改正をしておかなければならなかったのに、そのままに残され、その上に、新・旧典範では皇族以外の「養子」も認められない規定のため、今や現実に、男子の皇胤《こういん》が絶えようとしているのである。

この明白な現実を無視して、どこまでも「必ず男系男子」をと主張するのは、決して歴史の〝伝統〟でも〝正統〟でもなく、約五割の役割を果たした側室制に目をつぶった、守旧で観念的な、無理を承知の横車に近いであろう。

男子を生まない女性は、皇太子妃の資格なしというのか

もし、今後も「男系男子」に固執すれば、やがて皇后となられる皇太子《こうたいし》妃《ひ》は、どれほど優れたお方でも、その家系永続のためには、お子様が女子では駄目、必ず男子を生まないと失格となるわけだから、――男女にかかわらず、まったくお子様が生まれなければ皇室典範に定められた継承順位に従い、次のお方に譲られるのは当然だが、――そのような、人格と生理とを無視した、非情ともいうべきリスクの大きいポストに、進んで自ら就任される覚悟のお妃《きさき》選びは、おそらく至難となり、昔のように、親の権威で娘に結婚を強いることも許されない現今、むしろこの点から、〝皇統断絶〟の危機が生ずるであろう。

女帝反対論者の一部には、男子を生めない皇妃《こうひ》は退下してもらい、――つまり離婚――代わりの方を選べばよいと放言する者もいるらしいが、事実とすれば、それこそ不遜極まる暴言で

あろう。またもし万一にも、そのような事態が起これば、聡明で責任感のお強い皇太子殿下はどうされるか、申すまでもあるまい。

政府が皇室典範の改正を急ぐのは当然

周知のように、小泉内閣当時の皇室では、皇太子殿下の弟に当たられる礼宮文仁《あやのみやふみひと》殿下（秋篠宮《あきしののみや》）の御生誕（昭和四十年十一月三十日）を最後に四十年間も、男子が一人もお生まれになっておらなかった。

このままでは、現皇室典範の規定によると、皇統が断絶してしまうことになる。この危機的な実情に対処して、「皇位は世襲のもの」という憲法（第二条）を遵守し、皇統永続の対策を考えるのは、当然、政府の責務であり、しかも今や緊急な対策を必要とする。

女帝反対派の識者は、政府の態度が〝拙速〟であるとか、平成十七年十月の衆院選挙に大勝利をした小泉首相の驕《おご》りと悪口するが、これは時系列を無視した、非難のための言いがかりである。政府の準備は、少なくとも小泉内閣成立（平成十三年四月）以前の平成九年頃から始まり（毎日新聞の報道）、皇室史の専門家の集まっている宮内庁書陵部《しょりょうぶ》の協力によって、すでに詳細な「参考資料」も作成され、これは今でも、インターネットの「首相官邸」のホームページに全文約五十ページが公開されているから見られるとよい。また「有識者会議」の設置決議は平成十六年の十二月二十七日であるが、この時は、まだ自民圧勝のはるか以前であり、当時、小泉首相は郵政民営化問題で苦境にあり、「勝《かち》さび」の心境からの驕りの余裕など、あるはずがない。

〝初めに結論（女帝）ありき〟でなぜ悪い

「有識者会議」の女性・女系天皇を容認した報告書に対し、反対論者は、これを〝初めに結論ありきだ〟と批判する。

しかしこれも、非難のためにする非難であって、上述のような危機的な現状のもとで、「わが国の象徴である天皇の地位の安定的継承」を維持するためには、先ず「皇長子」である愛子《あいこ》内親王《ないしんのう》を念頭に、女帝の是非を検討するのが、〝第一の課題〈A〉〟ではないか。

有識者会議が、それ以外を考慮して、臣籍降下（皇族がその身分を離れ氏を与えられて皇族でなくなること）された旧皇族の復帰まで議題（〝第二の課題〈B〉〟）にすることは、〝第一の課題〟すなわち女帝そのものが、わが国の国体護持の上で不当ないし不可である場合において、その次に考えられることである。

したがって、〈A〉の女帝が、日本の歴史・伝統の立場から、容認されると判断した有識者会議が、〝〈B〉の課題〟にまで踏みこまなかったのは、むしろ当然の成り行きである。

それを〝初めに結論ありき〟と悪口するのは、〝第一の課題〈A〉〟を無視、あるいは否定して、〝初めに旧皇族の復帰ありき〟とする議論にすぎない。一体、今の時点でそれを主張する論者は、戦後六十八年、なぜ、もっと早くこの旧皇族の復帰の主張や運動をしてこなかったのか、私には、むしろその姿勢こそが疑われる。

女帝は歴史上存在し、大宝令でも認めている

過去の日本で、実際に皇統が「男系男子」を基本としていることは間違いない。

しかしその一方で、例外もあり、「女帝」が実際に存在されたこと（推古天皇をはじめ後桜町天皇まで、十代御八方）も、明白な歴史上の事実である。また大宝令《たいほうりょう》でも「女帝」の存在を認めていて（ただし、その女帝は四位以上の諸王を夫とされる）次のように明記されている（継嗣令《けいしりょう》）。

およそ皇《おう》の兄弟皇子を皆親王と為《せ》よ。女帝の子も亦同じ。以外は並びに諸王と為よ。親王より五世は、王の名を得たりと雖も、皇親の限りに在らず。（原、漢文）

これによると「女帝」の存在も、その「子」を「親王」と称することも認められている。実

は、それもそのはずで、大宝令選定（大宝元年）当時の文武《もんむ》天皇は、天武《てんむ》天皇と後の持統《じとう》天皇（女帝）との間に生まれた孫（母は後の女帝の元明《げんめい》天皇）に当たられ、先の女帝であった祖母の持統天皇が、大宝元年の当時、上皇として現存されていたのであるから、「女帝」を認めて当然といえよう。

このように見てくると、日本歴史の上で「女帝」が存在したことが明らかである以上、仮に将来、愛子内親王が女帝となられても何の支障もない。有識者会議は、おそらくこの点を重視して、次元を異にして新たな立法化を必要とする旧皇族の復帰問題にまでは言及しなかったのであろう。

「有識者会議」を素人呼ばわりするのは失礼である

また反対論者は、「有識者会議」のメンバーを、皇室史の素人ばかりと、失礼な批判をするが、私の知る限り、その一員の園部逸夫《そのべいつお》法学博士には著名な『皇室法概論』があり、また知己の笹山晴生《ささやまはるお》氏は、東京大学国史学科卒の名誉教授であり、後に学習院大学教授として、皇太子殿下に御進講《ごしんこう》された経歴をもつ学界でも有名な専門家である。

むしろ忌憚なく申せば、盛んに女帝・女系反対を唱える論者こそ、それぞれの専門分野――思想・文学・政治・憲法・経済など――では優れた業績のある人たちであろうけれども、彼らの中に、これまでに国史を専攻し、日本史学界で、皇室関係史や氏族系譜の研究で名の通る人はほとんどいないのではあるまいか。自らを顧みることなく、他を非難するのは、識者の慎むべきことである。

さらにメンバーに、レフトの思想家が交じっていると問題にする向きもあるが、仮にそうであるとしても、国民全体を代表する規準で、各分野の重鎮を選考した人事であるから、左右の立場を含めた「有識者会議」であっても当然であって、別に非難には値しない。むしろそれらの左右の有識者が、自らの立場をこえて、満場一致でまとめた「報告書」にこそ、重要な意義があるのではないか。

「皇族の御意見を」というなら、第一に天皇陛下の御叡慮をこそ

また反対論者は、「有識者会議」に対して、〝皇族の御意見をも聞かずに僭越不遜《せんえつふそん》〟とも非難し、三笠宮寛仁親王殿下の「プライヴェート」な御発言を大々的に例示する。

しかし同殿下は、現在、皇位継承順位に当たられ、この問題で私的な「おしゃべり」などは慎まれるべきお立場である。識者は、むしろその点を御諫言《かんげん》申し上げるのが当然であるのに、聞くところによると、わざわざ御殿に出向いて賛同の旨を伝え、私的な発言を別の雑誌類に改めて転載して宣伝するのはいかがなものか。

また、もしどうしても皇族の御意見を承るというのであれば、何よりも天皇陛下の御叡慮《えいりょ》をこそ、第一に尊重すべきであるのに、――もっとも、陛下は、おそらくこの問題で軽々しく御意向をもらされることはあるまいが、――反対論者の中には、ある会合で講演し、参会者の中から、〝天皇陛下の御意向を承る必要があるのではありませんか〟と質問が出たところ、「それは必要ない。そのようなことをして、もし天皇陛下が将来は女帝でも差し支えない、と申されたらどうするのか！」と切りかえした、という話を私は仄聞《そくぶん》している。

もしそれが事実なら、その講師は、日本国体の極致にして至純の伝統、「承詔必謹《しょうしょうひっきん》」（詔《みことのり》を承《うけたまわ》りては必ず謹《つつし》む）の精神を、何と考えられているのであるか。

大楠公《だいなんこう》（楠木正成《くすのきまさしげ》）が、自らの作戦が朝廷で佞臣《ねいしん》（主君にへつらうよこしまな臣下）のため採用されなかった時、それにもかかわらず、勅命を奉じて必死の覚悟で湊川に出陣して討ち死にしたのも、また大東亜戦争で帝国陸海軍が武器を収めて粛然《しゅくぜん》と降伏したのも、すべて陛下の〝御聖断〟にしたがったことを忘れてはならない。これが日本国体の誇りである。

女帝と女系とを分ける不遜な妄想

女帝反対論者も、ごく最近は、「純粋な男系継承を続けるということは非常に困難」であることを認め、それを成就《じょうじゅ》するためには古来、「庶子《しょし》（正式の婚姻関係にない両親から生まれた子のうち父親に認知された者）継承」と「傍系継承」の「二つの安全装置」があった、という。

しかし、さすがに「庶子継承」は、今の時代に無理と見て取り下げている。そして国民世論の支持率の高い敬宮《としのみや》愛子内親王を念頭に、このお方は男系だから女帝として容認してもよいが、その後の継承が「女系」となると、それは日本の伝統に反すると、論旨を、「女帝」と「女系」とに分けて論じ始めた。しかし、女帝が皇族以外の婿を迎えられれば、生まれた子は「女系」となるのであるから、結果的には同じであって、これは愛子内親王だけを女帝と認めるための弥縫《びほう》策（一時的な取り繕った方策）にすぎない。

そして、彼らの本心は、愛子内親王が女帝となることにも、実は反対なのである。そこで嫡出の子に男子がなければ、次の「安全装置」である傍系のお方を迎えればよいとして、敗戦後に臣籍降下された旧宮家の方々の皇族復帰を盛んに提唱している。そしてその中から男子を選出して、愛子内親王はその皇后になられたらよい、と勝手な構想をえがく者さえもいる。実に不遜な妄想ではないか。

皇室には「氏」がないという特色を理解せよ

なぜ、「女系」が伝統に違反するといわれるのか。この点が一般に理解されにくい。

一体、皇統に関して男系とか女系とか言い出したのは、西洋の学問を摂取した明治以来のことで、管見《かんけん》（私の考え）では、それ以前に議論の対象となったことはないように思う。

特に旧『皇室典範』で「男系ノ男子」と見える、その対《つい》として「女系」が話題となるが、ふつう民間で「女系」という場合は、女から女へと相続の続く家系、婿養子《むこようし》が何代も続く家系、母方の系統、等の意味である。『皇室典範』での場合は、在位の「天皇」を中心として考えることになるので、男帝（甲）の場合は、皇族以外の皇妃（側室）との間に生まれた庶子でも、過去においては、すべて「男系の男子・女子」となる。なお現在は、「皇庶子《こうしょし》（庶子である天皇の男の御子）」は認められていない。

そして女帝（乙）の場合には、皇婿《こうせい》（女帝の配偶者）――この方が皇族（旧皇族を含む）であっても――その間に生まれた御子は「女系の男子〈A〉」または「女系の女子」となる。

女系反対派は、この女系が皇位につかれることは従来の歴史になく、伝統に違反するというのである。

しかし「女系の男子〈A〉」であっても、後に即位せられて「天皇」となり、娶《めと》られた皇妃（皇族出身者以外を含む）との間に「男の御子〈B〉」が生まれて、そのお方〈B〉が皇位につかれると、この系統は母方に当たる女帝（乙）の血をうけられているので、古来からの皇族の継承と見て、皇統は再び「男系」にかえると考えてもよい。

この問題は、前例がないため、皇室法の学界でも定説はないようだが、歴史的には、皇祖神《こうそしん》の天照大神が「吾が子孫《うみのこ》の王《きみ》たるべき地」と神勅されている通り〝天照大神を母系とする子孫〟であれば、男でも女でも、皇位につかれて何の不都合もないのである。つまり母系にせよ、明瞭に皇統につながるお方が「即位」して、三種神器をうけ継がれ、さらに大嘗祭《だいじょうさい》を経て「皇位」につかれれば「天皇」なのである。

子供は父母から生まれるのであって、男系とか女系の差別より、父母で一家をなすというのが日本古来の考えだから、それを母系（または女系）といっても男系といっても、差し支えなく、問題とはならないのだ。

この点が、ヨーロッパの王朝等とまったく違う。それは、日本の皇室にはもともと「氏」がないからである。

これは日本の他国に異なる最大の特色の一つだが、なぜ、皇室に「氏」がないのかというと、古来、皇室は他の氏族と区別する必要がなく、建国以来、天皇（古くは大王）の家として断然隔絶されていたからである（皇后の場合は周知の通り、正田《しょうだ》家御出身の美智子様でも正田皇后とは申し上げない。女帝に対する皇婿の場合でも、皇族ならば当然、初めから「氏」はないから、氏名で呼ぶことはないが、民間の出身者でも、皇室に入られると、新しく『皇統譜』に記載されて、今までの戸籍は消滅して「皇族」の一員としてお名前だけになられるから、謀叛《むほん》者による革命が起これば別だが、婚姻関係から皇室とは別の「氏」の王朝が、将来も誕生される可能性はない)。

傍系の例証とされる継体天皇の場合

そして「傍系継承」の最初の有力な前例として、継体《けいたい》天皇の場合を挙げる者が多い。

しかし継体天皇の前代に当たる武烈《ぶれつ》天皇は、仁賢《にんけん》天皇の唯一の男子の御子(同母の子は六人、異母の子は二人おられたが、不思議なことにすべて女子)であり、しかも武烈天皇御自身には、男子のみならず女子の御子もなかったのだ。この点に留意すべきである。もし、女子でも御子がおられれば、当時、養子・婿入りの法も考えられたかも知れないが、まったくのお子様なしであるから、明白に皇胤が絶えることとなる。この危機に直面して、やむを得ず傍系の継体天皇をお迎えしたのである。

ただしこの場合、傍系といっても、応神天皇の「五世孫」であり、しかもその家系は、①「若野《わかぬ》毛《け》二俣王《ふたまたのおう》」、②「意富々等《おおおど》王」、③「乎非《おひ》王」、④「汙斯《うし》王」と、王の尊称を受け継ぎ、継体天皇御自身も、当時は⑤「乎富等《ヲホト》大公王」という王名をもっておられて、背後に地方豪族の隠然たる勢力があり、中央の政界においても、北陸地方でも周知のお方であったから、天皇(正確には「大王」)となられても、国民にとってそれほどの不自然さはなかったのだ。

旧皇族の復帰と女帝との関係

しかし現在の旧皇族の場合は、占領政策による強制とはいえ、その後の約六、七十年間、完全に民間人のお立場で生活してこられ、一般国民もそのように理解している。

そして愛子内親王の場合のお相手となるにふさわしいお方は、現在、十五歳前後のお子様であろうから、仮に年齢的にふさわしいお方があるとしても、特別な教育をうけられたお方以外、戦前の皇室に関する御知識に乏しいのは当然である。そのお方を、現在の皇太子殿下が天皇とおなりになった次の、「傍系天皇」（男子）としてお迎えし、愛子内親王は御本人の御意志とは無関係に、その皇后になっていただく――もしくは愛子内親王を廃して別の女性の立后を認めるなど――というような無謀なことが、果たして許されるであろうか。

現在、――将来、皇太子・同妃両殿下に男のお子様がお生まれにならないとした場合――最も大切なことは、先ず愛子内親王に、皇太子・女帝となっていただくことである。その場合、皇婿の候補として、傍系の旧皇族もその範囲に含めることは何ら差し支えなく、後述のように私は、その可能性もあり得ると思うが、――その場合は当然「女系」となる――現在の皇太子殿下が天皇になられた次の皇位に、愛子内親王を差しおいてただちに「傍系天皇」（男子）を迎えるということには無理があり、国民大方の同意も得られないと思う。

女系でも養子でも家系は継承され得る

今日、女帝・女系反対運動の先頭に立っている衆議院議員平沼赳夫《ひらぬまたけお》氏は、元総理大臣平沼騏《き》一郎《いちろう》氏の養子として有名だが、ご本人の語るところによれば、同氏はもともと中川恭四郎《なかがわきょうしろう》・飯田節子（平沼騏一郎氏の実兄淑郎《よしろう》氏の女系つづきの孫娘）夫妻の間に生まれたが、平沼家の家督相続が困難になったので、赳夫氏の誕生とともに〝一家養子〟の形で、中川姓から平沼姓に変わったというのだから（インターネットのホームページ「平沼は語る」）、明らかに女系である。

このように、個人の養子はもちろん、〝一家養子〟ということも、世間にはままあることで、赳夫氏は、平沼騏一郎氏の〝男系〟の血は受けついでおらず、〝女系〟に当たるけれども、〝養子〟として平沼騏一郎氏の精神を継承していれば、名誉ある元総理の後裔《こうえい》として振る舞って少しも恥じることはない。世間ではそれで立派に通っているのである。

この点については、皇室と民間では異なるという反論もあろうが、その違いは皇位の尊厳、君臣の別に関してのことであって、人間生活における男女生誕の自然則を、皇室だけには適用しないというのでは、それこそ神がかりの論理で、無理というものだ。

近頃、よく皇室の特色は血統の男系男子にありとして、外国人もその点に感動していると宣伝をする者がいるが、そのような外国人の評価を、私は寡聞《かぶん》にして知らない。仮に、男系・女系を問題にする外国人があるとしても、それは今回新しく生じた現象であろうし、ましてＤＮ

ＡのＹ染色体が男性だけに受け継《つ》がれるなどということは、ごく最近の生物学の発見で、古来の日本の歴史や伝統とは何の関係もない。

私の理解では、従来から、外国人が皇室に対して敬意を表するのも、また日本人が皇室を誇りとするのも、神武天皇の建国以来、皇族の籍を有せられる一系の天子が、千数百年にわたって、一貫した統治者であり、外敵や他系（皇族以外の諸氏）の権力者が帝位を冒《おか》した例がないという、歴史の事実にあるのであって、皇統が〝男系〟とか〝女系〟という遺伝子のせいではない。

神武天皇以降の後胤の男系は数えきれず、中には叛逆者もいた

もし、女帝反対論者のように、皇統に関して神武天皇の子孫男系だけを問題にするならば、『新撰姓氏録《しんせんしょうじろく》』を見たまえ。

これは平安時代の初めに京・畿内の氏族の出自を記す勅撰の系譜集だが、それによると、「皇別」の数は、神武天皇以降で三三四氏を算《かぞ》える（『田中卓著作集』第九巻一七二頁）。

また室町時代初め頃の編纂と思われる『本朝皇胤紹運録《ほんちょうこういんしょううんろく》』や『尊卑分脈《そんぴぶんみゃく》』を見れば、さらに厖大《ぼうだい》・詳細な皇胤の系譜が記されている。

したがって、その氏族の氏人の男系は、源氏・平家を含めて、数えきれない数となる。それ

らがすべて、天皇御子孫の男系という理由で、天皇候補になり得るわけではないであろう。

かつて寛政の三博士の一人、柴野栗山《しばのりつざん》は、神武天皇の御陵《ごりょう》に参拝し、「百代の本枝、麗《かず》億ならず」と詩に詠んでいるが、確かに神武天皇以降の子孫の数は、ただに一億ぐらいでは済まない。日本の〝君民一体〟の歴史は、精神的な〝情義《じょうぎ》〟（人情と義理）の結びつきだけでなく、〝血縁〟にまで及ぶのであって、この点を、この機会に強調しておきたい。

ところが、その一方で、男系男子の後胤の中には、蘇我蝦夷《そがのえみし》・入鹿《いるか》（孝元《こうげん》天皇の子孫）、平《たいらの》将門《まさかど》（桓武《かんむ》天皇の五世孫）、足利高氏《あしかがたかうじ》・義満《よしみつ》（清和天皇の二世孫より源氏。足利はその後裔）等、皇位を冒そうとした人物のいたことを忘れてはならない。問題は男系・女系でなく、皇統を継ぐお方の自覚と徳望である。

国家の最高祭祀（神宮）の祭主にも男女あり

また最近、神社本庁や神道政治連盟を中心に、皇位継承について、女帝・女系反対の運動が始められているので、特に神職・氏子各位に、次の事実をお考えいただきたい。

天照大神を祭る「斎王」は、第十代の崇神《すじん》天皇の御代に大神を笠縫邑《かさぬいむら》で祭られた際の皇女豊鍬入姫命《とよすきいりひめのみこと》に始まるが、その後、天照大神が伊勢の神宮に遷られた後も、原則として、天皇の皇女が斎王として伊勢の斎宮に入られ、厳重な潔斎《けっさい》生活を続けて、お祭りされるのが伝統であった。

しかし〝皇女〟に代わって〝親王の女《むすめ》〟が斎王になられる場合もあり、それも、後醍醐天皇の祥子内親王の御時を最後に、世の兵乱のため中絶した。

明治以降は、神宮の制度が大きく改革整備され、「斎王」ではないが、天皇の大御手代《おおみてしろ》として祭祀《さいし》に奉仕される「祭主」――それ以前の中臣氏の「祭主」とはまったく別――が置かれて、男性の近衛忠房《このえただふさ》・三条西季知《さんじようにしすえとも》の後は、皇族の久邇宮朝彦《くにのみやあさひこ》親王となり、次の有栖川宮熾仁《ありすがわのみやたるひと》親王より四代はすべて男性の皇族が奉仕され、敗戦後は北白川房子《きたしらかわふさこ》内親王・鷹司和子《たかつかさかずこ》内親王・池田厚《あつ》子《こ》内親王と、女性（既婚）のお方が次々と受けつがれている。

したがって現在の神宮の〝祭主〟は、昔の〝斎主〟とは名実ともに異なっているのだが、天皇の勅旨を奉じて、御名代《ごみようだい》として神宮祭祀に奉仕される点は共通であるから、これを同一のように考える一般国民が多く、――戦後の神職・氏子の中にもあるが、――それはそれで少しも差し支えはないし、また本質的には正当な理解ともいえる。

その場合、ここで私が指摘しておきたいのは、神宮祭祀という日本の優れて重要な伝統の中でも、時代の変遷と要請にともない、天皇より御差遣の斎王・祭主が、〈女性（未婚）〉↓男性↓女性（既婚）〉と、変化しているという事実である。伝統というものは、本質的な精神に関していうことであって、男・女の性別や制度や形式については、時代とともに変化の生ずるのがむしろ歴史の常であって、何ら異とすべきものではない。

称徳天皇と道鏡との関係

女帝反対論者の論拠の一つに、称徳天皇《しょうとく》（女帝）と道鏡《どうきょう》との関係がある。

今詳しく述べることは割愛するが、もともと男女の問題は、女帝に関してだけ起こるのではなく、男帝の場合でも、その皇妃の推挙、ならびに出生児の皇位就任をめぐって、貴族や豪族達の熾烈な競合、抗争のあることは、何時の時代でも見られることで、歴史家ならば周知のことである。

道鏡の場合は、昔から〝道鏡後胤説〟もあるが、これには確証がない。

私は、道鏡が弓削《ゆげ》氏であることに注目し、ニギハヤヒの命の後裔に当たる物部《もののべ》氏の同族とみられること、河内国若江郡弓削郷《かわちのくにわかえのこおりゆげごう》（今の八尾《やお》市）を本拠地として大きな勢力をもつこと、道鏡自身に次第に野心が芽生え、それを助けて弟の弓削連浄人《ゆげのむらじきよひと》が、大納言《だいなごん》・衛門督《えもんのかみ》として大宰帥《だざいのそち》を兼ねた時代（神護景雲《じんごけいうん》二年～宝亀《ほうき》元年）に、九州の宇佐八幡宮《うさはちまんぐう》の神主と手を組み、例の「道鏡を天位につけたならば、天下太平ならん」との神託を中央に注進させた、と考えている。

つまり陰謀の張本人は、道鏡と弟の浄人であり、さらにそれに媚《こ》びへつらった宇佐八幡宮の神主と見てよかろうが、それに対して、称徳天皇は、ただちにその神託を、そのまま受け入れて実行に移さないで、改めて御信頼の厚い和気広虫《わけのひろむし》に神託の再確認をさせておられる点にこそ注目すべきである。そして姉の広虫に代わって実際に宇佐に出向いた弟の和気清麻呂《きよまろ》の、勇気ある奉答《ほうとう》によって、彼らの野望が打ちくだかれた。

この事実を見れば、称徳天皇の皇位継承に対する慎重な御判断と、命を賭した和気清麻呂の忠誠心によって、皇統は守られたのであって、ことさらに称徳天皇を中傷するのは筋ちがいであろう。

以上のように見てくれば、一部の男系論者のように、女帝や女系についてだけ、これを〝皇統断絶〟などと叫ぶのは杞憂《きゆう》である。同様な皇統継承についての心配は、歴史上、男帝や男系においてもあり得たことであって、過去、それを乗り越えて今日まで〝万世一系〟の国体を維持し得たのは、歴代天皇の御徳望と、皇国護持のために身命をささげてきた忠臣・義士の働きである。このことは、将来においても欠かせない重要な核心である。

古代・上代における女帝・皇后の御活躍

日本の危機や転換期に際して、女帝や皇后の御活躍は目覚ましかった。神功皇后《じんぐう》（一説に「天皇」とあり）や斉明《さいめい》天皇が、任那《みまな》や百済《くだら》救済のため率先して半島に大出兵されたのは周知の通りである。

ことに斉明天皇は北九州の陣営で崩御《ほうぎょ》されている。また斉明天皇朝に整備された事業の偉大さは、最近の考古学の発掘調査によって実証され、驚嘆の的となっている。

推古天皇は、隋《ずい》への国書に「日出《ひい》ずる処《ところ》の天子《てんし》」と自称して国威を発揚された。この国書は有名だが、『日本書紀』には載っていない。そのため疑われそうだが、実はシナの隋書に明記されているから、逆に、先方へ手交されたことが確証されるのである。中華思想の隋帝に、この国書を渡すことは使者・小野妹子《おののいもこ》にとって命懸けであったであろう。

また持統《じとう》天皇は、伊勢神宮の二十年式年遷宮《しきねんせんぐう》の制や大宝律令《たいほうりつりょう》の基礎を制定し、最初の都城制《とじょうせい》である藤原京を造営された。

天皇ではないが光明《こうみょう》皇后も、天平文化の輝かしい歴史を担うお一人である。

このように考えてくれれば、女帝を省いては日本の古代・上代史自体が成り立たないほどである。

「有識者会議」の報告に対する私の要望

以上は小泉内閣当時に作成され公表された「有識者会議」の報告書に対する私見であるが、後述のように、秋篠宮家に悠仁親王がお生まれになり、政府提案は中止された。しかし、報告書は歴史的文書としての価値をもつので、これに対して私の気づく諸点を参考までに列挙すると、次の通りである。

［1］皇位は、大宝令以降の慣例とされてきた男子・男系が常識的に容認されようが、国の歴史には非常の事態があり、その国家非常の場合にも対応できるように法制化しておくのが政府の責務である。それ故、側室制度のない一夫一婦制の今日、皇太子妃に男子の生まれない可能性があり、――現にその通り――その場合に備えて、女性天皇や皇位の女系継承も、想定しておくのは当然のことである。是非、「有識者会議」の報告書を基に、実現してもらいたいものである。

［2］ただし、反対論者が指摘する占領政策による皇族の臣籍降下については、やはりその特殊事情を考慮して、何らかの対策をとることが望ましい。具体的には以下の［3］・［4］に述べたような対応が考えられよう。

［3］また現在の天皇・皇族の嫡男系嫡出（嫡出の長男）の子孫を「永世皇族」とすることは、将来、その人数の規模が多大となり、経済的問題もあるが、何よりも君臣の別（天皇と一般国民との立場のちがい）のけじめが曖昧になる恐れがあるので、やはり昔の令制に準じて、天皇の四世孫程度にとどめ、場合によっては五世孫までの特例を認めてもよいであろう。ただし、この場合、［2］に述べた旧皇族は、臣籍に降下された御方を基準として適用する。またこれまでの個別の事情により、自発的な皇族復帰の辞退をも認める。

［4］そして［3］に示した四世孫（特例として五世孫）までの方々には新しく「皇親《こうしん》」（敬称は「殿下」）の尊称を贈り、皇族としての名誉と自覚をもっていただく。ただし、内廷《ないてい》皇族（独立した宮家を持たない宮廷内部の皇族）・宮家皇族以外には経済的支援を認めない。

［5］「皇親」の範囲内では、相互の「養子」制を認める。

［6］女帝の場合は、「摂政《せっしょう》」を認めることも検討すること。

［7］「長子優先」はそのままでよい。ただし、長子（男・女）に兄弟姉妹がおありの場合は、その長子の立太子の挙式以前に、必ず勅諚《ちょくじょう》（天皇の仰せ）による皇室会議が開かれ、御健康状態その他を勘案し、天皇・皇后両陛下の大御心と、長子の御意志を尊重して、最終決定とすること。

［8］将来の長寿社会に対応するため、「譲位《じょうい》」のことも検討すること。

これらの中、現時点で容易に判断できるものは至急に立法化し、ただちに決定しがたい内容の検討には、別に歳月をかけて慎重に公式の研究会を開いて審議されたい。

むすび――後醍醐天皇の御精神を仰ぐ

わが国の歴史で、不幸な事件の一つは中世の承久《じょうきゅう》の変である。その結果、後鳥羽《ごとば》・土御門《つちみかど》・順徳《じゅんとく》三上皇を島流しにした幕府は、その後、歴代天皇の皇位継承に直接干渉することになった。その上、後嵯峨《ごさが》天皇の後は、第三皇子（後の後深草《ごふかくさ》天皇）、第六皇子（後の亀山《かめやま》天皇）との両系統に分かれて、互いに皇位を争い、朝臣も二派に分かれて対立するようになった。前者を持明院統《じみょういんとう》、後者が大覚寺統《だいかくじとう》という。そして幕府（北条氏）の干渉により両統迭立《てつりつ》の約束が出来、持明院統の花園《はなぞの》天皇のあとを継いで即位されたのが、大覚寺統の後醍醐《ごだいご》天皇である。

後醍醐天皇は「延喜《えんぎ》の治《ち》」と謳《うた》われた醍醐《だいご》天皇の政治を目標とし、自ら追号を「後醍醐」とあらかじめ定められ、積極的な政治の改革に乗り出された。そのため、先代の持明院統の花園天皇は、その「宸記《しんき》」の中で、後醍醐天皇を「聖王《せいおう》」と記し、「政道の中興」と称賛されている。両統に分かれていながら、実に公明正大な御態度であった。その後、鎌倉幕府の滅亡、建《けん》武《む》の中興《ちゅうこう》へと進むのであるが、足利高氏の謀叛により中興は挫折し、いわゆる南北朝対立の時代を迎えることとなる。

北朝側は、後醍醐天皇の改革政治に対し、これは従来の儀式慣例を破るものとして、しきりに非難した。これに対して後醍醐天皇は、何と申されたか。「今の例は昔の新儀なり。朕が新儀は未来の先例たるべし。」と。

女帝・女系反対論者は、この後醍醐天皇のお言葉を心して拝聴するがよい。

第二章 〝女系天皇〟の是非は、君子の論争でありたい

拙論をめぐる毀誉褒貶

私は『諸君！』の三月号（平成十八年二月一日発売）で、「皇室典範に関する有識者会議」の報告書に見える〝皇統継承〟改正案について、原則賛成の立場から、女帝・女系の公認（これまで一般に「容認」という言葉が使われているが、「容」は許すの意味があり、皇室に対して使用するは不適切な感じがするので、私は以後「公認」と称することとする）を基本として若干の私見を主張した。

論文の表題「寛仁親王殿下へ――歴史学の泰斗からの諫言　女系天皇で問題ありません」という標題と論旨が目をひいたと見え、私見は、たちまち毀誉褒貶《きよほうへん》の渦中にさらされた。一論文の出現で、これだけの波瀾は、近頃の論壇では珍しいであろう。

おそらくその基底にあるのは、戦後も「皇国史《こうこくし》観《かん》」の旗手として少しは学界で名の知られた

田中なら、必ずや、皇統は〝男子・男系〟に限ると主唱《しゆしよう》すると思われたのに、豈図《あにはか》らんや、〝女帝・女系〟を公認して〝問題なし〟という立場を発表したことの意外さであろう。

拙論発刊後、たまたま私の目にふれた関連記事をすべて発行の平成十八年（二〇〇六年）の月日順に並べると、

①山田孝男氏「尊皇《そんのう》に踊って扇動《せんどう》するな」（『毎日新聞』「発信箱」欄、二月六日付）
②新田均《につたひとし》氏「『諸君！』三月号掲載の田中卓論文に歴史学的根拠なし」（『神社新報』、二月十三日付）
③伊藤和史氏「継続したい女系天皇論議／右派から出た論考に注目」（『毎日新聞』「文化という劇場」欄、二月十九日付）
④中西寛氏「冷静な皇室典範議論の好機」（『毎日新聞』「文化」欄、二月二十三日付）
⑤「注目！今月の論考」欄（『朝日新聞』、二月二十八日付）
⑥西尾幹二氏「『かのようにの哲学』が示す知恵」（『諸君！』四月号、三月一日発売）
⑦新田均氏「師・田中卓氏への諫言／女系天皇は、なりません」（『諸君！』四月号、三月一日発売）

その他にも、インターネットのホームページ等でしきりに賛否両論があったようだが、本誌で一々に対応する紙幅《しふく》はない（一例だけ紹介しておくと、かつて「一水会」を創設し、現在も新右翼の重鎮と目される鈴木邦男氏が、自身のサイト『鈴木邦男をぶっとばせ』（二月六日）の中で、「愛国者はそんなに偉いのか」と題して鋭い批

判をし、私見についても興味深い言及をしているので御参考まで）。

私見を評価する論評について

さて、先ず私見の支持・賛成、ないし好意的な立場からの論評（文脈の都合で順不同）を紹介すると、次のようである。

全国紙において、三月号の雑誌の中で〝注目〟すべき論文として拙論を取り上げているのは、『毎日新聞』と『朝日新聞』である（④・⑤）。

両者とも、松本健一氏の「女系天皇も容認すべき秋《とき》」（『中央公論』）と拙論とを一緒に並べ、『朝日』には内容についての論評はないが、松本論文を先に置き、『毎日』は拙論を前に出して、中西氏は左の通り述べる。

田中卓は、天皇制の維持を尊重する立場から、伝統的な天皇制は皇統の血縁を重視し、男系女系の区別は近代的思考の産物だとして女系天皇を積極的に支持する。

松本健一は皇室に対する姿勢では田中とは異なる立場だが、万世一系も男系男子による皇位継承も近代の『フィクション』に過ぎないとして女系容認では同意する。

つまり、私は「伝統的な天皇制」の「皇統血縁を重視」する立場から「女系天皇を積極的に支持する」のに対し、松本氏は「万世一系も男系男子による皇位継承も近代の『フィクション』に過ぎない」という観点から「女系容認では同意する」のであって、同じ「女系天皇容認論への批判に対する反批判」でも、基本的姿勢には根本的な差があるというのである。この指摘は鋭く、優れている。

一概に女系天皇の肯定といっても、私の場合は〝皇統護持〟を基底としているのに対し、松本氏のそれは、〝万世一系〟そのものをフィクションとし、究極的には天皇制否定の一段階としての女系容認論である。『朝日』がこれを前に出し、『毎日』が私見を先に掲げているのは、両紙の立場を暗示していて面白い。

特に毎日の①は、表題が「尊皇に踊って、扇動するな」とあり、私自身、一見ギョッとしたが、内容は起承転結よく整って、さすがに編集局次長（当時）の筆致である。その一節を示そう。

皇室典範改正に反対し、『女系天皇を認めれば万世一系の皇統が絶え、日本は滅ぶ』と憂える政治家や言論人が増えている。その急激さは、神武天皇実在説に立つ万世一系派の論客、田中卓《たかし》皇學館大学名誉教授（中略）が当惑する（中略）ほどだ。

田中氏は意外にも女系天皇を支持している。論旨は雑誌に譲るが、私が感心したのは、時至れりと皇国史観を鼓吹する代わりに、安易に万世一系を唱和する危険を、穏やかな調子で、確信に満ちてたしなめる異端の碩学《せきがく》の語り口である。

また③の伊藤氏も、拙論の要旨を巧みに紹介して、次のように説く。

田中論文は、女系の天皇であっても、その始まりである女性天皇は『男系』なのだから、子孫の天皇もその血を受けている以上、皇統は再び『男系』に戻ると考えてもよい、との趣旨を展開している。議論の背景には、皇室とヨーロッパ王朝との違いがある。皇室には『氏《うじ》』がなく、民間出身者も皇室に入れば今までの戸籍は消滅し、皇族としての名前だけになる。だから、婚姻関係から皇室とは別の『氏』の王朝が誕生する可能性は将来もない、というのである。なるほど。『革命＝王朝交代』を永遠に防ぐすごい装置が組み込まれているのだ。

別のところでは、男系にも朝廷への反逆者はおり『問題は男系・女系でなく、皇統を継ぐお方の自覚と徳望』、『（男系論では）皇太子妃は、必ず男子を生まないと失格となる（中略）そのような、人格と生理とを無視した、非情』と述べる。おおらかで常識的、受け入れられやすい議論ではないか。

これらの記事を並べると、読者の中には、その執筆者が皆、私の友人のように思われる向きがあるかも知れないが、山田孝男・伊藤和史・中西寛の三氏とも世代を異にし、私自身、まったく面識もなく、公私にわたって何のかかわりもない方々である。

むしろ、拙論批判②・⑦の筆者新田均氏は、今年からは二十五年前、私の皇學館《こうがくかん》大学学長時代の末期に神道研究所の助手に採用した旧知である。

また⑥の西尾幹二氏は、ただ一回かぎりではあるが、積年の知己・小堀桂一郎氏の紹介で、上京の際、乞《こ》われてお二人に、日本古代史の一端を講じた昵懇《じっこん》の学友である（西尾氏が文中で「田中卓先生は私の師範格である」と述べられているのは、義理がたい同氏の溢美《いつび》の言といえよう）。

それだけに、友人の好誼《よしみ》として忌憚なく私見を批判されたのであろうから、私も学者の作法を守って、お答えすることとしよう。

秋篠宮家の御慶事は時の氏神だが

ただし、その前に申しておきたいことがある。それは、皇統問題に関しては、論者が自らの先入観で描いた観念的・恣意《しい》的な国体観にもとづくのでなく、あくまでも公正な歴史の立場と現実を直視して、節度を守る慎みの心をもって、いわば〝君子の論争〟に心掛けたい、ということである。

そのことをわざわざ断るのは、最近は、男系・男子論者の中に、反対の女系・女帝公認論者を口ぎたなく罵り、まるで伝統破壊の〝国賊〟や〝学匪《がくひ》〟（学問的反逆者）さらには〝朝敵〟のように決めつける弊風《へいふう》があり、さらにそれが影響して一部政治家や政治・宗教団体の中には、国民（大衆）運動をからめて、決起大会やデモを意図する傾向があるからである。

もっとも、私が『諸君！』平成十八年三月号で拙論を発表（二月一日）した直後の二月七日、一部報道機関のスクープによって、秋篠宮妃紀子殿下の御懐妊の事実が伝えられ、二月二十四日には、宮内庁から正式に妊娠三か月ということが公表された。このことは、政府案が上程されれば国会では激しい対立と混乱が予想された事態に、ひとまず落ち着きを取りもどさせるとともに、小泉内閣（同年九月任期満了）による改正をも延期させるという〝時の氏神〟の役割を果たした。

当時、この問題で一部の政治家や記者諸氏から質問をうけた私は、これを相撲の水入りにたとえて、その間に、口をすすぎ頭を冷やし、問題の所在と解決について、よく研究する絶好のチャンスであると答えた。

そして私自身も、秋篠宮家の御慶事の結果が発表されるまでは、皇統の男女論争にはかかわらないことを心に決めた。

ところが、男系固執派の中には、この御懐妊に対して「天佑《てんゆう》（天のたすけ）を祈るばかり」とか「天佑神助《しんじょ》」という用語を公言するものがいる。その心は「皇男孫殿下」の御誕生を期待してのことである。

しかし御懐妊の妃殿下に「男子」が御誕生になれば「天佑」や「神助」というのは、あまりにも不謹慎な発言ではないか。なぜなら、もし「女子」ならどうする。逆に「天佑」や「神助」がなかったことになり、妃殿下に大きな精神的御負担をかけるのみならず、皇太子妃の雅子殿下に対しても、同様な批判が当てはまることになるからである。

真に皇室を敬慕する国民としては、お子様の男子・女子にこだわることなく、ひたすら平穏無事な御安産を祈るべきではないか。そして男女の生みわけは人為によってなされるべきでなく、天命であり、神の任《よ》さしのまにまに決められ、それに従うのが、人間の道である。

私が本書の第一章（二九頁）で、「男子を生まない女性は、皇太子妃の資格なしというのか」と反対派に借問《しゃもん》したのは、この点を案じてのことである。

ところが、その後、私の杞憂は現実となりつつあった。週刊誌や月刊誌の類では、すでに両妃殿下の〝産みくらべ〟を特集したり、口さがない記者の中には〝壬申《じんしん》の乱〟にかこつけて

〝妊娠《にんしん》の乱〟というものもあったそうだ。

その記述内容の是非はともかく、新聞広告を見ただけでも、天皇・皇后両陛下をはじめ関係皇族の方々がどのようなお気持ちになられるか、そのことを拝察して案ずるのが惻隠《そくいん》（いたわり・思いやり）の情というものである。〝惻隠《そくいん》の心無きは人に非《あら》ざるなり〟とは孟子の言葉であるが、〝女系天皇論争〟に加わる論者は、この一点を常に銘記してもらいたい。

的はずれの新田均氏の批判――①古代史について

新田論文は②⑦の二回にわたるが、ほぼ同一趣旨で、後者が詳論で主力と思われるので、以下、⑦について短評する。

氏の批判の対象は、大別して古代史家としての田中説と、女系天皇公認論者としての田中説に分かれよう。

前者については私の専門で、今さら改めて論ずるのも大人げないが、見逃しがたい非難があるので、その点だけを指摘しておきたい（もっとも正直にいうと、売られた論争とはいえ、新田説を誌上で反論することは同じ皇學館大学の関係者としては心苦しい点がある。しかし同氏は、もともと早稲田大学政治経済学部の出身で、皇大では近代日本の政教関係の研究が中心だから、その専門に限っては、優れた研究者であることを断っておく）。

第一に氏は、私が女神である天照大神の〝天壌無窮の神勅〟を引用したことを「特定の神話学的（または神学的）解釈に基づく『原理』の説明」であって「歴史学的説明ではありません」という。当たり前の話である。

まさか神道精神を説く皇學館大学神道学科の現役教授（当時）がこのような理解をするとは思わなかったが、一般の読者に誤解を与えてはならないので、私は前項（二六、二七頁）で、わざわざ自らの『著作集』所収の「〝天壌無窮〟の神勅について」や「天智天皇の不改常典」の論文の存在を紹介して、史実と神話の関係に留意しつつ、「日本国体の原理が、女神による言挙げにあることを明確に」し、「皇室の祖神も、天照大神という〝女神〟にもとづいていることを忘れてはならない」と説いたのである。

〝天壌無窮の神勅〟を単に「神話学的（または神学的）」に解釈するのは、わが国の歴史の神髄を知らぬ欧米流の神学者の議論にすぎない。

日本では、例えば、江戸時代の朝廷に正学を興し、いわゆる宝暦《ほうれき》・明和《めいわ》事件に連坐《れんざ》（罪を犯した本人だけでなく家族や関係者などにも刑罰を与えること）した竹内式部の『奉公心得書《ほうこうこころえがき》』を見られよ。

楠正成の言葉に、君を怨《うら》むる心起《おこ》らば、天照大神の御名《みな》を唱ふべしとあるも、天照大神の御恩を思ひ出さば、則《すなはち》其御子孫の大君、たとひ如何なるくせ事《ごと》を仰せ出さるゝも、始めより一命をさへ奉り置《お》く身なれば、いかで怨み奉る事あるべきや。

とある。

「くせ事」(曲事)とは、まがった事柄、道理に背くと思われる事柄であるが、必無《ひつむ》のことながら、仮に大君にそのような御発言があっても、天照大神の御恩を思えば怨み奉ってはならぬと、公卿たちに〝承詔必謹《しょうじょうひつきん》〟の精神をきびしく教えている。

また吉田松陰が堀江克之助《よしのすけ》に与えた手紙にも、次のごとくあることを学ばれよ。

天照大神の神勅に日嗣《ひつぎ》の天壌と与《とも》に窮《きはまり》無しとこれ有り候処、神勅の相違なければ日本は未《いま》だ亡びず、日本未だ亡びざれば正気重《かさね》て発生の時は必ずある也。只今の時勢に頓着するは、神勅を疑うの罪、軽からざる也。

(書き下し文・平仮名に改む)

わが国では天照大神の天壌無窮の神勅が歴史を動かし、歴史が神勅を実証するのである。この事実こそが、欧米の「神話学的(または神学的)」発想と大いに異なり、日本神道の特色なのだ。皇學館大学の神道学は、戦後の再興後も、この点を重視してきたはずである。

次に看過しがたいのは、私見に対して「実証的な古代史学者とは思えないごまかしがあります」という一句である。

〝ごまかし〟とは何か。それは「武烈天皇の当時、皇位は父子と同様に兄弟によって頻繁に継承されたということです。そして『日本書紀』によれば武烈天皇には同母の女の兄弟が六人もおられました。……女系でも構わないという意識があったなら、その内の一人が皇位についても一向に構わなかったはずです。つまり、継体天皇を苦労して迎える必要などなかったわけです」という指摘である。

これは牽強付会《けんきょうふかい》の非難ではないか。私は、この当時（六世紀初頭）に「女系でも構わないという意識があった」などとは一言も述べていない。せめて一人の女のお子様があれば、何らかの工夫――つまり現在でも懸案とされているような養子・婿入りの法――も考えられたかも知れない、と書いただけなのに、上述のように詭弁《きべん》を弄し、私見を「ごまかし」と非難するとはどういう意図か。

それよりも、論文②では「武烈天皇には姉が四人もをられた」と書きながら、⑦では「同母の女の兄弟が六人もおられました」と、「四人」が「六人」に増加しているのはどうしてか。それは、私が前稿の中で「同母の子は六人」と書いているので、氏は、それに気づいて訂正したのであろうが、それならその旨を述べて理《ことわ》るのが学界の常識である（詳しくいえば、姉は

「五人」〈②の「四人」は誤〉であり、その一人が手白香皇女《たしらかのひめみこ》で、後に継体《けいたい》天皇と結婚して欽明《きんめい》天皇を生まれた。妹一人を入れて「六人」となるのである）。それをこっそり書き直すやり方をこそ、日本語では「ごまかし」というのである。

的はずれの新田均氏の批判──②記述の詭弁

歴史学説ではさらに述べたいこともあるが、本論の趣旨とかけ離れるので、核心となる女系天皇の是非に筆を急ごう。

私が前項で最も強調したのは、

二七頁「皇統を永続させるための側室制度」と

二八頁「側室制度の廃止を決断されたのは昭和天皇」

という箇所である。

その理由は、五七頁で述べたように、たまたま秋篠宮妃紀子殿下の御懐妊という吉報があったが、当時、まだ男子と決まったわけではないし、仮に男子がお生まれになったとしても、ただお一人では、心もとない限りである。どのような場合でも、皇統護持のために、可能な限り万全の備え──民間でいう〝危機管理〟──をしておくのが、政府・国民のつとめであるからである（この問題は、不吉な予想を前提とするために公的な議題となりにくいけれども、それはちょうど、先年の、御代《みよ》替わりに備えた元号法の法制化の場合と同様である）。現状では、問題はまだ決して解決していないのである。

新田氏は先ず第一に、「『現状』が先、『歴史』は後回し」と小見出しで述べているが、それは私が三一頁で「〝初めに結論（女帝）ありき〟でなぜ悪い」と、「有識者会議」の結論を支持したことに対する批判である。この〝初めに結論ありき〟という用語だけを取り出せば、それが会議運営として非常識なことは小学生にも判《わか》る道理であるから、私がそのような幼稚なことを考えていないのはいうまでもない。私の立場は、前述のように「現状」の危機に直面して、これを克服するためには現在（その当時）、唯一の御子（女性）である敬宮愛子内親王を念頭に、〝女帝の是非〟を検討するのが〝第一の課題〟で、「有識者会議」は、女帝でも日本の歴史・伝統に背くことはないと判断したのであるから、〝それがなぜ悪いのか〟と反論したわけだ。それを「根本姿勢において、田中氏は歴史家の立場を放棄してしまっている」と非難するのは勝手だが、私には少しの痛痒《つうよう》も与えない。

さらに新田氏は、私の前項三四、三五頁の「『皇族の御意見を』というなら、第一に天皇陛下の御叡慮こそ」の言葉を問題にして、私が一方で、「もっとも、陛下は、おそらくこの問題で軽々しく御意向をもらされることはあるまいが」と書いたことに結びつけて、「これは『おっしゃるはずのないことを聞け』というわけですから、一体どうしろというのか意味不明です」などと、わざと惚《とぼ》けてみせている。

　これも私が、三笠宮寬仁親王殿下の御発言に関連して、「有識者会議」を〝皇族の御意見も聞かず僭越不遜〟と一方的に非難する反対派に対して、反省を促すために、それならむしろ、天皇陛下の御叡慮をこそ承るべきだ、と述べた言葉を、逆手にとった幼稚な詭弁にすぎない。

　それよりも重要なことは、反対論者の中に、講演会後の質疑応答の席で、〝天皇陛下のお考えは聞く必要がない〟と返答した某講師のあることを、私が「仄聞」として紹介し、同時に「承詔必謹」の大切さを強調したことに対し、『仄聞』に基づく議論は大家の品格にかかわるのでやめよ、と非難し、「仄聞」でよいなら、自分も田中氏が云々と運動団体の人々に忠告している、と「仄聞」している、と述べている。

　これには驚いた。

　私のいう「仄聞」は、名を明かせば、有名で知己でもあるその「講師」の人格を傷つけかねないので、わざと「仄聞」として書いただけのことで、その氏名はもちろん、講演の年月日、場所等、すべて確認した上での配慮の言葉である。一方、新田氏の「仄聞」は、私に対するあからさまな非難の調子で、人情とか思いやりの気持ちがまったく判らない者の筆致である（なお、私が「運動団体の人々に忠告」したというのは、秘密でも陰口でも何でもない。私は事実、ある有力団体の事務局の知友に対し、〝お互い纏闕《れんけつ》の気持ちをもつ同志であれば、陛下のお気持ちは拝察できるでしょう〟と述べており、現在もその考えに変わりはない）。

その他にも反論の内容は数多いが、何より大切な次節の一点を指摘して新田論文の批判を終えようと思う。

側室制の果たした役割と廃止後の展望

新田氏は、既述のように私が最も強調した側室制度の多大な役割と、昭和天皇がそれの廃止を決断された意義（前項の二八、二九頁）についてはまったくふれていない。

この点が同氏のみならず、男系固執論者のアキレス腱なのである。また私ども歴史家は、誰でも承知することだが、現代の常識から見れば芳しいことでもないから、従来は詳述を故意に避けてきた。そのため、〝皇統の約半数が側室による庶子〟であるといっても、一般の人々にはピンとこないきらいがあった。そこでこの機会に具体的な事実の一端を示しておこう。

近世の始まる文禄《ぶんろく》・慶長《けいちょう》時代の、後陽成《ごようぜい》天皇以降を通覧しても、後水尾《ごみずのお》天皇は庶子（母は関白近衛《このえ》前久《さきひさ》の女《むすめ》前子）、次の明正《めいしょう》天皇は皇后所生《しょせい》（生んだ）の嫡子（奈良時代の称徳天皇以来の女帝）だが、次の後光明《ごこうみょう》天皇は庶子であり、さらにその後、第１１１代後西《ごさい》天皇・第１１２代霊元《れいげん》天皇・第１１３代東山《ひがしやま》天皇・第１１４代中御門《なかみかど》

天皇・第１１５代桜町《さくらまち》天皇・第１１６代桃園《ももぞの》天皇・第１１７代後桜町《ごさくらまち》天皇（女帝）・第１１８代後桃園《ごももぞの》天皇・第１１９代光格《こうかく》天皇・第１２０代仁孝《にんこう》天皇・第１２１代孝明《こうめい》天皇・第１２２代明治天皇・第１２３代大正天皇

まで、すべて庶子である。さらにそれ以前の御歴代を神武天皇にまで遡って概観（『帝室制度史』第三巻）すると、すでに高森明勅氏が計算されたように、確かに第2代綏靖《すいぜい》天皇以降、今上天皇まで嫡子は62代（内、重祚2代を加えれば64代）、庶子は60代となるわけで、さらに後水尾・桜町・後桜町・後桃園の四天皇は、御生母の女御が後に皇太后或いは准三宮になられているので、これを考慮しても一二五代の天皇の四九・二％。つまり約五割が庶子ということになる。この事実を忘れないでいただきたい。

さらに今後も必ず問題となるであろう戦後に臣籍降下された旧皇族の皇籍復帰の議論を考える史料として、次のページに一覧表を初めて示しておく。これは現在、旧皇族といわれる方々の源流である伏見宮〈吉野時代北朝の崇光天皇の子の栄仁親王が初代〉・有栖川宮・閑院宮・桂宮の、家系継承の実際で、私が皇學館大学助手・大平和典氏に依頼して急遽作成してもらったもので、その労を謝するとともに、誤りがあれば私の責任である（出典は『系図纂要（新版）』『皇室御系図〈太田亮氏『姓氏家系大辞典』所収〉』『皇室制度史料〈皇族四〉』『平成新修旧華族家系大成』）。

	正室の子が継いだ場合	正室の子が継がなかった場合	内訳 側室の子	内訳 天皇皇子女、又は他の親王家より迎える	内訳 断絶	備考	対象
伏見宮	12	11	9	2		正室の子に、妃か否か保留（恐らく妃）の2例を含む。再相続2人あり。	2代 治仁王 ～ (24) 26代 博明（臣籍降下）
有栖川宮	0	10	7	2	10代威仁親王の男子栽仁王、早逝	側室の子のうち1例は、2代良仁親王（後西天皇）の御子。	2代 良仁親王 ～ 10代 威仁親王
閑院宮	2	5	3	1	7代閑院純仁に子なし		2代 典仁親王 ～ 7代 純仁（臣籍降下）
桂宮	1	10	2	7	11代淑子内親王は未婚	天皇皇子女のうち2例は、異母兄弟	2代 智忠親王 ～ 11代 淑子内親王
計	15例	36例					

これを見れば、いわゆる〝世襲親王四家〟の継承の場合でも、正室の子が15例、それ以外の場合が36例、うち側室の子が21例であるから、側室制が大きな貢献をしてきたことは明らかであろう。

それが、今や昭和天皇の英断によって廃止されたのであるから、男系継承の危機はいうまでもない。この実情に対して、新田氏は次のようにいう。

> 側室制度がなくても男系継承を維持するためには、どうしたらいいのか、……例えば、現代医学の進歩はかつての側室制度以上の機能を果たすのではないかとか、旧皇族の復帰の方策はないものかとかいった方向へです。そうやって智恵をしぼり、それにもかかわらず、どうしても男系継承の維持は不可能だと分かってはじめて、これは御神意なのだと納得して女系を謹んで受け入れる、これが歴史を重んじる者の正しい順序や態度なのではないのでしょうか。
>
> （傍点は引用者）

これで判った。彼の考えは、①「現代医学の進歩」（まさか精子や卵子の冷凍保存等ではあるまいが、「種」と「畑」などという下品な論者もいるので念のため）と、②「旧皇族の復帰の方策」の二点で、それが「不可能」と判ると、「女系」でもよい、ということである。この考え方は、おそらく新田氏だけでなく、その他大勢の男系固執派の共通した判断かと思うが、果たしてどうか。もしそうだとすると、彼らの「女系反対＝皇統断絶＝国体破滅」という議論も底の浅いものにすぎない。

私は、女性（女系）天皇ともなれば、国体破滅と断言する反対派達は、外国にでも亡命するのか、と思っていたが、そうでもないらしい（この点が、天皇陛下と御一緒に敗戦を迎え、国体と運命をともにしてきた私どもとは違う。少なくとも私どもは、皇統廃絶となれば、最後の覚悟は決めている）。

その程度の女系反対論ならば、万一に備えて主張している私どもの女系天皇公認論と、五十歩百歩で大差はないのだから、もっと冷静に、〝君子の論争〟をしようではないか。

むすびにかえて――皇室の伝統と革新の二面性

私は前項で、ほとんど私見は述べ尽くしたつもりだが、最後の四九頁の「後醍醐天皇の御精神を仰ぐ」の箇所で「今の例は昔の新儀なり。朕が新儀は未来の先例たるべし」のお言葉を引用したところ、それと、女系天皇公認との関係が判りにくいという読者の声があったので、一言つけ加えておく。

私は日本の天皇政治の特色の一つとして、伝統を尊重されるとともに、常に「旧来ノ陋習《ろうしゅう》ヲ破リ」「知識ヲ世界ニ求メ」るという（「五箇条の御誓文」）進歩的な面があったことを重視する。

外来の仏教受容の際には内戦まであったが、その後、聖徳太子も聖武《しょうむ》天皇もこれを厚遇されたことは周知の通りである。

しかし、御二方がともに神道の精神を根底として、深く天神地祇を敬われたことも、学界では通説である。漢字も漢籍も、朝廷が最初に採り入れられた。隋・唐の律令休制も同様である。明治天皇が天地神明に誓って国是を定められる一方、西欧文明の長所を積極的に採用されたことは有名な事実である。昭和天皇の一夫一婦制断行もその一つと見てよい。

つまり皇室は、伝統尊重とともに、文化的には常に国民の一歩先を歩まれてきた。この伝統と革新の調和が、皇室の永続・繁栄の秘訣の一つであり、大化改新・建武中興・明治維新、すべてそれを実証する。この歴史を踏まえて私は、前項のむすびの言葉としたのである。

第三章　西尾幹二氏に問う「日本丸の船主は誰なのか」

第一節　〝忠諫〟を装う〝放伐〟の詭弁を憂う

西尾幹二氏論文「敢えて御忠言申し上げます」と竹田恒泰氏の注告

平成二十年（二〇〇八年）は天皇陛下御在位二十年の記念すべき年というので、秋には奉祝の行事があった。慶賀《けいが》にたえない次第である。加えて皇太子・同妃両殿下の御成婚（平成五年六月九日）十五周年記念でもあり、国民の間に皇室問題についての関心が高まり、論壇でも深刻な議論となりつつある。

「おちおち死んではいられない」――これは毎日新聞平成二十年五月二十三日付夕刊の「特集ワイド」記事での色川大吉氏の発言だが、むすびの箇所で色川氏は次のように語る。

今の天皇は黙々と努力している。沖縄に行き、サイパンに行き、露骨に謝罪は述べられないけれど、最大限の哀悼の意を表している。天皇、皇后のつらさを、国民は分かっていない。それでいながら、雅子さんに非難を浴びせる。皇族は、日本の中で基本的人権を最も奪われているファミリーなんです。それをどれだけ国民が自覚しているか。

何と！　あの色川氏が、今上陛下の御努力を称《たた》え、雅子妃殿下をも擁護して、国民の無理解を叱っているのである。驚いて次を読むと、「僕は、皇族を人権を持つ自由な人間として解放してあげたい。天皇制はやめればいい」。

何のことはない、〝天皇制廃止〟のための枕詞に似た駄弁で、これを俗に〝誉《ほ》め殺し〟という（『広辞苑』では第五版平成十年十一月発行から新採用）。戦後六十年間、〝嘘と夢〟（拙著『平泉史学と皇国史観』参照）を積み重ねてきた彼も、ついに本性を露呈し、〝天皇制廃止〟を宣言したのである。

次はオピニオン誌『ＷｉＬＬ』の平成二十年五月号・六月号に連載された西尾幹二氏の長論文「皇太子さまに敢えて御忠言申し上げます」（計三〇ページ）である。

小欄では要約は不可能だが、幸いにも竹田恒泰氏が同誌の七月号に寄稿した「西尾幹二さんに敢えて注告します／これでは『朝敵』といわれても……」に詳しいので、その**小見出し**を摘録して内容を察してもらおう（二か所のカッコ［　］内だけ私が補う）。

保守派を装った左派の論文／百害あって一利なし／東宮に対する不信／一言でいえば「卑怯」／西尾論文の構造／お世継ぎ問題こそ本質／東宮妃殿下は反日左翼か／妄想に始まり妄想に終わる／西尾氏こそ反日左翼では？／船と乗客のたとえは不適切／患者［雅子妃殿下］に対する配慮に欠ける／皇后は「祭り主」ではない／［皇太子殿下は］必ずや立派な天皇に／読者よ目を覚ませ！

西尾氏は、戦後保守論壇の雄で、私の知己でもある。その論法はクラスター爆弾の威力に似る。それに正面切って「注告」――「忠告」ではないところが妙――した若き竹田氏の志気は、称揚《しようよう》に値しよう。皇室に関する文章も、祖父（恒徳王《つねよし》）まで旧皇族であられただけに実証的（ただし、同誌のプロフィールが、恒泰氏を「明治天皇の玄孫に当たる」と紹介するのは、明治天皇を基本とすれば〝女系容認〟の立場からの表現となり、男系原理主義の同氏にとっては迷惑のはずだが――）、週刊誌的情報をもとにした西尾説の弱点を衝《つ》き、抑揚のきいた適確な記述で、ほぼ批判の目的を果たしているといってよい。

しかし、的《まと》の内院を射ているかというと疑わしい。西尾氏の主張の、個々は論破せられても、両者ともに、日本の国体観に対する確信が乏しいからである。

例えば、竹田氏は西尾氏が比喩に用いた「船と乗客のたとえは不適切」というのはその通りだが、「不適切」の理由を「天皇の本質を無理に単純化させた結果生じた誤り」とするだけでは物足りない。これは、さような抽象化・単純化による説明の誤り程度の問題ではない。日本の歴史と国体に対する無理解であり、それを追究するのが真の論争である。

西尾氏の理解する「天皇制度と天皇（及びその家族）との関係」

この点について、西尾氏は次のように述べ、同じ内容を三回も繰り返しているから、これが同氏の基本的認識であることは明瞭であろう。

比喩でいえば船と乗客との関係である。乗客はいまたまたま船に乗っているが、船主ではない。天皇家は一時的に船をお預かりしている立場である。（五月号三一頁）

私は先にこう書いた。天皇制度と天皇（及びその家族）との関係は船と乗客との関係で、いまたまたま乗船している天皇家の人々は船主ではない。彼らは一時的に船をお預かりしている立場である、と。（同三九頁）

天皇家の人々は天皇制度という船の乗客であって、船主ではないと私は言った。船酔いをして乗っていられない個人は下船していただく以外にないだろう。

(同四二頁)

右の最後の文章の「船酔いをして乗っていられない個人は下船していただく以外にないだろう」というのは、単なる比喩でなく、先の敗戦(昭和二十年)までは、耳にすることのない、恐ろしい発言である。

なぜなら、これに続けて西尾氏は、「松崎敏彌氏が『場合によっては秋篠宮への皇統の移動も視野に入れる必要がある』と大胆に提言しているのは納得がいく」と肯定しているから、同氏の〝船酔いの個人は下船するがよい〟と慫慂《しょうよう》する(そうするように勧める)のは、明らかに〝皇太子殿下に退位〟を示唆《しさ》するに等しいであろう。

現に西尾氏は、「雅子妃殿下は天皇制度の内部に入ってそれを内部から少しずつ崩している いわば獅子《しし》身中《しんちゅう》の虫《むし》」(五月号四二頁)といい、それを諫《いさ》めることが出来ない皇太子殿下は、「皇族としてのご自覚にあまりにも欠ける処」があり、「一口でいえば、『傲慢』の罪を犯しておられる」(六月号七七頁)とまで極言する。

そしてかくなる上は、「この私も中核から崩れ始めた国家の危険を取り除くために天皇制度の廃棄に賛成するかもしれない」(五月号四三頁)と揚言《ようげん》している。まるで脅迫に近い。竹田氏の文中には「朝敵」という言葉は見当たらないようだから、おそらく編集者がつけたかと察せられる副題に、「これでは『朝敵』といわれても……」と、刺激的な活字が躍るのも無理あるまい。

西尾氏にとって「船」の「船主」は誰なのか

西尾氏の解釈を箇条書きにすれば次の通りである。

①日本には天皇制度という「船」がある（説明の便宜上、仮にこの「船」を「日本丸」と呼ぶこととする）。

②たまたまその日本丸に乗った「乗客」があり、それが天皇家の人々である。

③その天皇家の人々は、日本丸を預かっているだけの立場であって、「船主」ではない。

④だから、乗客（個人）の中で船酔いして乗っていられない人がでた場合は下船してもらう他はない。

というわけだ。一見、判りやすい筋書きのようだが、ここには巧妙に隠された陥穽《かんせい》（落とし穴）がある。

それは「船主」を明らかにしていない点である。なぜか。おそらく彼の脳裡には、「船主」は「国民」という前提が刷り込まれているのである。無理もない、今は占領憲法による〝主権在民〟の時代であるからだ。そして国民が日本丸の「船主」であるとすると、西尾氏の説く筋書は明瞭となろう。つまり天皇家の人々は、国民が船主である日本丸にたまたま乗り合わせた乗客で、日本丸を預かっているだけだから、船酔いして具合の悪い人は、皇太子といえども、下船してもらおう、というのである。

西尾氏は、皇室に慇懃《いんぎん》な言葉を使い、巧みな論理を操るので、一般には天皇制度を擁護する忠諌《ちゆうかん》の士と見られているが、実は天皇制度という船の中に、彼の判断で不適当と思う人物（乗客）があれば、その人物をいつでも下船（放逐）させ、場合によっては、制度そのものの「廃棄」も辞さない非情な「無関心」派にすぎないのだ。そしてその思想は彼が三十二歳当時の座談会（土屋道雄・所功両氏との鼎談。『論争ジャーナル』昭和四十二年十二月号）の中でも、すでに見られる。彼はいう。「ぼく自身の個人的感覚に則して言えば、天皇になんら怨恨もなければ、なんら愛情もないという無関心な感情ですね。非常にその点、ぼくの場合、天皇制に対する感情は稀薄ですね」（一二三頁）と。

真実の国史を学ぼう

かような戀闕《れんけつ》の心（大君をいとおしく思う心）のない知識人の〝無関心〟が、やがて〝革命論〟に通底し、事ある時には、万世一系の国体を「廃棄」するに至るのだ。いわば〝禅譲放伐《ぜんじようほうばつ》〟（君主が徳の高い人物に帝位を譲ることと、逆に悪辣で帝位に不相応な君主を有徳の人物が討伐すること。王朝が替わる時の二つのあり方）の現代版である。

私どもは、今こそ心して日本の歴史の真実を学ばねばならない。およそ二千年前、神武天皇を英主《えいしゅ》（優れた君主）とする日本国家建設の史実に関しては、拙著『祖国再建（上）』（青々企画刊）に述べたので、ここでは近世先哲《せんてつ》の教を例示しよう。

我等祖先ヨリ受シ　皇恩神恩、何万年今日迄受候ヤ数ヘガタシ。此処ヲヨクヨク勘《カンガ》ヒ明《アキラ》ムレバ、此一身幾度ステテ御恩報ジ候トモ報ジ難シ。実ニ九牛ガ一毛ニモタラヌ事也。

（佐久良東雄の「遺書」）

天下は一人の天下に非ずとは、これ支那人の語なり。支那はすなわち然り、神州に在りては断々然らざるものあり。謹みて按ずるに、わが大八洲は、皇祖の肇《はじ》めたまふ所にして、万世子孫に伝へたまひ、天壌とともに窮りなきもの、他人の覬覦《きゆ》すべきに非ざるなり。その一人の天下たるや、亦明かなり。

（吉田松陰の「評天下非一人天下説」。原、漢文）

楠正成の言葉に、君を怨《うら》むる心起《おこ》らば、天照大神の御名を唱ふべしとあるも、天照大神の御恩を思ひ出さば、即《すなはち》其御子孫の大君、たとひ如何なるくせ事《ごと》を仰せ出さるゝも、始めより一命をさへ奉り置く身なれば、いかで怨み奉る事あるべきや。（竹内式部の「奉公心得書」）

第二節　「日本丸の船主」は、建国の英主 神武天皇以来の天皇家

なぜ私は「日本丸の『船主』」を問うのか

私は、前節で、今回とまったく同じ主題を掲げて、同じ雑誌『日本』七月号で西尾幹二氏に、彼のいう「船」の「船主」は誰なのかを問うた。読者には、奇妙な質問と思われようが、ここが両者の発想の重要な岐路なので、第一節の**西尾説の要旨**（七三頁）を見直していただきたい。

この西尾説は、敗戦後、半世紀以上も、主権在民を眼目とする占領政策による擬似憲法に洗脳されてきた国民の俗耳《ぞくじ》に入りやすい。

しかし、これを危険なシナ歴代の易姓革命の〝放伐〟論に近いと憂慮した私は、ただちに筆をとって前項を草し、「天皇家の人々」が、日本丸の「船主」でなく、「たまたま乗船している」「乗客」で、「一時的に船をお預かりしている立場」というなら、この日本丸（すなわち〝天皇制度〟）の「船主」は誰なのか、と反問したのである。

彼の巧みな論法では、この時点（『ＷｉＬＬ』平成二十年五月号）で、「船と乗客」の比喩は三度も繰り返し使用されているが、「船主」の記載はまったくない。しかも、「乗客」として「天皇家

（及びその家族）」だけが特筆されていて、その他の乗客のことはどこにもふれられていない（つけ加えれば船長も船員もいない）。何とも不思議な船だ。これでは一般の「国民」不在の日本丸となる。私の疑惑はここに生じた。

一方、西尾氏の大著『国民の歴史』（平成十一年十月、産経新聞ニュースサービス発行。私は同氏より受贈）の中でも、『日本書紀』・『古事記』等の古典に有名な、神武天皇による大和東征や建国の史実、天皇・皇室を中心とした問題にはほとんど言及することなく、主なる関心が書名通りの「国民」にあることを承知していた私は、彼の比喩で想定する「船主」が、まぎれもなく国民であることを推察した。そして「船主」が国民であるとすれば、国民（船主）は、船酔いで乗っていられない「乗客」（天皇及びその家族）を下船（放逐）させ、場合によっては、船（天皇制度）そのものの「廃棄」も、自由にできることになるわけだ。私が西尾説の底流には革命の放伐論があると論断したのは、この故である。

しかし、「船主」を「国民」と解する私の推察が独断では論者に失礼なので、この点の確認を求めたのが前節である。やがて西尾氏の回答は『日本』編集部宛に到来し、ただちに私の手許に転送されてきた（七月二十三日受領）。葉書の簡単な文面で弁明にもほど遠い（『日本』八月号五〇ページに原文のまま掲載されている）。その点については最後に論及する。

西尾論文の不可解な連載

それにしても西尾論文の四回にわたる『WiLL』連載の内容は不可解である。

第一回（平成二十年五月号）は「皇太子さまに敢えて御忠言申し上げます」と題し、皇太子殿下に対しては、ただ「謙虚な伝統の番人」でさえあればよい、というような不遜《ふそん》の言辞を呈し、妃殿下に対しても、皇室にとっては異質な「能力主義」を宮廷に持ちこんだ張本人と決めつける心ない筆致で、御体調に対する一片の惻隠《そくいん》（いたわしく思うこと）の情もなく、かえって苦悩の現状を自分がいち早く預言（『正論』平成十六年八月号）し、それが適中したことを〝喜ぶ気はない〟と断りながらも、秘かに誇っている（三五〜六頁）。

その一方で、妃殿下の平成十五年九月以降の宮中祭祀への不参加を責め、「うつ病の妻を持つ夫の悲劇」を論じたり、公務を果たせない皇太子妃は実家の小和田家が「引き取るのが筋」という小見出しまで掲げ（三九頁）、ついには妃殿下を「天皇制度の内部に入ってそれを内部から少しづつ崩しているいわば獅子身中の虫」（四二頁）と指弾し、罵詈雑言《ばりぞうごん》を浴びせている。

そして「雅子妃問題は敵の格好のターゲットとして利用され、予想以上に天皇制度の廃止論の危険の水位は上がっている」（四二頁）と心配してみせるが、その直後に「秋篠宮家の紀子妃殿下には不適応病理はまったく生じていない」などと、比較にならない立場の御二方を故意に対比して、「場合によっては秋篠宮への皇統の移動も視野に入れる必要がある」という他人

（松崎敏彌氏）の評言を借用して、巧みに自らの本心をにじませている（同頁）。これでは妃殿下を「格好のターゲット」にしている「敵」とは、実は西尾氏自身のことではないか、と疑われよう。

これを受けた第二回（六月号）は、同じく「皇太子さまへの御忠言」と題しているが、その下に同じ大きさの文字で「第2弾！」とあり、まるで週刊誌のスキャンダル記事の連載の感を与える。品格ある論文・雑誌ならば「第2回」とすればよいのだ。「弾！」の用字は、皇室記事としては非礼であろう。

用字といえば、西尾論文では「いまたまたま乗船している天皇家の人々は船主でない。彼らは一時的に船をお預かりしている立場である、」（五月号、三九頁。傍点は引用者）と記すが、「彼ら」という日本語は、一般に同輩もしくは後輩・目下の者に対する代名詞で、ふつう、常識のある人は、目上の人々を「彼ら」とは呼ばない。

まして「天皇家の人々」を「彼ら」と呼ぶのは明らかに敬意を失する表現である。西尾氏は、「御忠言」の文中で努めて慇懃《いんぎん》な表記を用いて〝尊皇〟を装っているが、上手の手から水のもれた一例である。むかしは北畠親房《きたばたけちかふさ》が、御幼少の後村上《ごむらかみ》天皇御輔導《ごほどう》（正しい道へ導くこと）のため、また側近達への訓戒をもふくめて『神皇正統記《じんのうしょうとうき》』を著し、言語は君子の枢機《すうき》なりといへり。白地《あからさま》にも君をないがしろにし、人におごることはあるべからぬことにこそ。（中略）乱臣賊子と云ふものは其始心《そのはじめ》ことばをつつしまざるより出で来るなり。

（後醍醐天皇の条）

と説いた。文筆を以て世に立つものは、慎みの心をもち、一字一句にも心を配り、発言に責任をもつべきであろう。

さて、『ＷｉＬＬ』六月号の副題には、皇太子殿下に対して「皇族としての御自覚を」とある。その本文の小見出しを列挙すると次の通りである。

神話と歴史、信仰と科学／民衆の危惧、女系天皇／主治医が私物化／日本人の宗教観／人間と神との連続／冷静さと慈愛の二面／皇后陛下の役割の大きさ／国民と共感共存するお心を

ここに延々十六ページにわたって披瀝《ひれき》されている皇太子殿下への「御忠言」記事の中には、一般論として貴重な見解もあるが、大部分は、要するに多方面にわたる独自の西尾学説の羅列・展示にすぎず、同氏の博識は、知識の上での参考にはなっても、とうていこれが皇太子殿

下に直接役立つ「御忠言」とは思えない。要するに「皇太子さまへの御忠言」らしいくだりは、最後の次の一節である。

前篇に引き続き本篇を合わせ、私は皇太子ご夫妻がこのような意味での皇族としてのご自覚にあまりにも欠ける処があることをはっきり申し上げた。国家ということ、公ということをお忘れになっていないか。日本の国民と一緒に共感共苦するお心ざしがあまりにも乏しいのではあるまいか。一口で言えば『傲慢』の罪を犯しておられるのではないか。（中略）『国難』について私は語ってきたつもりだ。それは皇太子妃殿下の心に宿る『傲慢』の罪に由来すると見た。ときすでに遅いのかもしれない。（七七頁）

皇太子・同妃殿下を名指しして「傲慢の罪」とは何という恐ろしい発言だろうか。しかもむすびでは「ときすでに遅いのかもしれない」という。それでは彼、西尾氏はその〝時〟、どういう態度をとるというのか。その答えは前号（五月号）の末尾に用意されていた。

「皇室がそうなった暁には、この私も中核から崩れ始めた国家の危険を取り除くために天皇制度の廃棄に賛成するかもしれない」（三一頁）

というのである。嗚呼《ああ》、敗戦国の国民は、哀れである。

戦前、共産主義者を除く日本人ならば、口に出す出さないは別として、濃淡の差はあっても心中、誰でも万葉一統《まんよういっとう》の天皇に統治されてきたこの国に、生まれたことを感謝し、誇りとしてきたものだ。それがひとたび戦破れて占領軍に支配され、〝主権在民〟という西欧の黴《かび》の生えた古いイデオロギーにもとづく擬似憲法に呪縛されては、戦後論壇の雄というべき西尾氏でも、数千年以上に及ぶ皇祖・皇宗の神恩・皇恩を理解できず、ただ「今」を生きのびるだけの保身の論理をもてあそび、「天皇」の後継者と定められている「皇太子」殿下を誹議《ひぎ》（非難）し、「天皇制度の廃棄」まで匂わせる。情けない時代を迎えたものだ。

忌憚なくいえば、私は「傲慢の罪」の実例を、皇太子・同妃両殿下ではなく、むしろ西尾氏その人に見るのである。

天皇・天皇制に対する無関心者は、皇室評論の資格なし

私の西尾氏批判をきびしすぎると見る人もあろう。

しかしそれには理由がある。私は、この人が四十一年前、すでに『論争ジャーナル』（昭和四十二年十二月号）という雑誌に、自分自身は、「天皇になんら怨恨もなければ、なんら愛情もないという無関心な感情」をもち、「天皇制に対する感情は稀薄ですね」（一三頁）と語っている事実を承知しているからである（以上は、前項に初めて紹介し、新田均氏〈『正論』九月号〉をは

じめ関係者の注目を浴びた）。そしてこの座談会で、同席の福田恆存《つねあり》氏門下の土屋道雄氏や皇學館大学助手（当時）の所功《ところいさお》氏からの批判をうけながらも、西尾氏は「天皇制」について、次のように述べている。

明治の指導者たちが利用意識をもったということはありませんか。僕はあったと思うのですが、（一五頁）

明治初年から今日まで、われわれが西洋化されてしまったということは、これは恐るべき宿命なんだ、（一七頁）

事実もう天皇制はなくなっているんじゃないかと、私はそう思うことがしばしばあります。だから復興しなければいけない、という考え方、これが一つありますね。

もう一つは、われわれは明治という変革によって、みんなズタズタにやられちゃっているんだから、ここでいっぺん〝空無〟になっていいんじゃないかという考え方もあるわけです。われわれは徹底的なニヒリズムの中に一度立つべきなんだと。そうなってくると、たとえば天皇制も廃止してしまえばいいという考え方も出てきます。その辺がむずかしいんで、ぼく自身は心の中で決めかねていますがね。（一七頁）

『論争ジャーナル』といっても、今は知る人も少ないが、発刊事情など、詳しくは拙著『祖国再建（下）』（平成十八年十二月、青々企画発行）に書いておいた。

ただし雑誌はすでに廃刊しており、実物を披見《ひけん》するのは容易でないから、長い引用となったが、西尾氏の見解を正確に伝えるため、必要な限り再録した。

これで、同氏が三十二歳当時、すでに「天皇制」を廃止すべきかどうかに迷い、その心底には、明治維新が過去をズタズタに変革し、その後、指導者たちが利用のため天皇制をつくりあげたが、今日では天皇制はなきに等しく、自らは「天皇」「天皇制」についても「無関心」であったという事実が、明白になったであろう。つまり、本来、而立《じりつ》（三十歳）の頃から〝無関心〟であった人物が、近年になって急に「天皇制度」を語り出し、皇太子殿下に「御忠言」と称して、〝非難〟を重ねているのである。もちろん評論家だから、研鑽を重ねて考えの変わることはあってよい。

しかしそれならば、その転向の理由や事情を、正直に詳しく告白し、読者の理解を得てほしい。そうでないと、私のような、昔の西尾氏を知る者は、戸惑うだけでなく、進んで言論の無責任さを問わざるを得ないではないか。

さらにいえば、ある対象に対して忠言・忠告・評価等をする者は、少なくとも当該事象に対する関心・愛情・思いやりの精神がなければならぬ。

先年まで日曜日朝の民間テレビで、プロ野球界の大御所二人が、スポーツ界の現状に対して大声で「天晴《あっぱ》れ！」「喝《かつ》！」の評価を下して人気を博していたが、この場合の「喝！」は単なる叱責・非難ではない。発言者がスポーツを心から愛し、いわば〝愛の鞭《むち》〟であることが視聴者にも判っているから、批判に意味があるのだ。初めからスポーツに無関心な人物が某球団の監督・選手を批評してみよ。

視聴者はあきれ、怒ってスイッチを切るであろう。

評論でも同じだ。元来、天皇制度に無関心な者は、黙っているがよい。もともと、批評などする資格がないのである。

日本丸の「船主」に関する西尾氏の回答と私見

さて、既述のように、『日本』七月号（七月一日発行）で私が西尾氏に問うた「日本丸の船主は誰なのか」に対する回答は、七月二十三日に私の手許に転送され、文面は『日本』八月号（八月一日発行）の末尾に転載された。要点を原文通りに示すと、次の通りである。

①「船主のことは　八月号に光格天皇の例できちんと書いています」
②「田中先生は早とちりなさったようです」
③「いま雅子妃への疑問を述べる人は皇室を心配し大切に思っている人です」

④「ご病気だと言って雅子妃を庇う人は皇室尊重は上べで　これから皇室の傷が大きくなればよい　人権尊重を言って皇族の『解放』を唱えるようにしたいと考えているひとです」
⑤「私は週刊誌情報なんかで書いていません　雅子妃の非は調べがついているのですが　書かないだけです」

この中の③は、西尾氏の勝手な自己弁護、④は、前稿（七月号）で、私がすでに色川大吉氏の例（本書の七二〜七三頁）を引いて指摘したことで、その危険は十分に承知する。

しかし、雅子妃殿下を庇《かば》う人が、ことごとく色川氏流というのは誇張であり独断である。

⑤の「雅子妃の非は調べがついている」というのは、犯罪容疑者に刑事が威圧するような口調で、知識人としては異常である。「調べ」といっても、週刊誌情報以外は皇室担当の新聞記者情報、あるいは内部告発の類の寄せ集めで、ご自分で調べあげたわけではあるまい。

また「書かないだけ」と見えをきるが、すでに『ＷｉＬＬ』（平成二十年五・六月号）に書きまくり、その後も番外の形で八月号に「これが最後の皇太子さまへの御忠言」を載せている。

さすがに見かねた『文藝春秋』は、一般論として「皇太子、雅子妃両殿下がさまざまな形で批判にさらされています。そうした中にははたして事実に基づくものなのか、皇室にとって資するところがあるのか、いささか疑問に感じるものも散見します」と述べ（八月号「編集だより」）、六人の識者、ジャーナリストによる「建設的提言」記事を掲載した。

これに対してただちに西尾氏は噛みついて、『WiLL』九月号に「もう一度だけ皇太子さまへの御忠言」と題して皇太子殿下に関連づけて妃殿下への非難を書き続けているではないか。しかもこの論文の表紙と目次には「文藝春秋ともあろうものが」と書き加えられている。この一句、論壇の内情を知る者には興味深い。

そこで残る問題は、①と②であるが、②のように、私が「早とちり」をしたかどうか。「早とちり」とは、「せっかちに判断して間違えること」(『広辞苑』)だが、これは資料や考証を重視する歴史家に対する侮蔑の言葉である。私が「早とちり」をしたというなら、どの点かを明示されたい。また西尾氏は①「船主のことは、八月号に光格天皇の例できちんと書いています」というが、私の前稿は七月号で、八月号発刊以前である。それはともかく、改めて「八月号」を見ても、次の記述だけである(カッコ内の文字は私の補筆)。

天皇家の継嗣《けいし》断絶の危機が訪れたのである。(そこで)(中略)新宮家(閑院宮家)の二代目の親王が皇位を継承することとなり、光格天皇となった。(中略)今上陛下の直系の先祖である。

私は本誌五月号で(中略)天皇とそのご一家は船主ではなく、必要があれば船を守るために乗客が入れ替わることもあるのだと述べたが、その理由はおわかりであろう。現在の天皇家は江戸中期に外から船に乗り移った新しい家系のご子孫なのである。（中略）この光格天皇がご即位になったのは十七歳……（四九頁）

しかし、この記述でも「船主」が明示されていない。この皇位継承の事情は、第一一八代後《ご》桃園《ももぞの》天皇が安永八年（一七七九年）十月、重病のため二十二歳の若さで急に崩御され、皇子なく、生まれたばかりの皇女だけであったため、急遽、東山天皇の皇孫に当たり、当時、先帝と最も血縁の近い閑院宮典仁《かんいんのみやすけひと》親王の第六王子である兼仁《ともひと》親王が即位されて光格《こうかく》天皇になられたということであって、西尾氏の比喩の事例「船酔いの乗客＝皇太子・同妃殿下は下船してもらう」とは、まったく事情を異にする別次元の史実である。

しかも光格天皇の御即位は「九歳」で、「十七歳」ではない。このあたりの歴史は、和田英松博士の『国史国文之研究』（大正十五年二月、雄山閣発行）に詳しく、歴史家なら周知のことである。

要するに、先帝が　にわかに崩御されたため、直近の傍系が養子として皇嗣（天皇の後継ぎ）に迎えられ、同じ皇統を継承されたということであって、西尾氏が例示しようと意図するような、皇嗣に不都合（船酔い）があって追放させられ、入れ替わった、等というのではない。

いずれにしても、西尾氏は、私に日本丸の「船主」を追及されて答えられず、〝顧みて他を言う〟ような苦しい弁解をしているだけのことだ。

そこで同氏に代わって私が、歴史家として、はっきり回答しよう。

日本列島は神代以来の存在であり、そこに日本国家が建設されるが、建国の英主は神武天皇であるから、「天皇制度」を船にたとえれば、その船——日本丸——の「船主」は、皇祖・皇宗の御歴代であり、御歴代の天皇は決してたまたまその船に乗り合わせた単なる「乗客」ではない。乗客は一般の国民だ。天皇家は「船主」だけでなく、場合によっては自ら「船長」も兼ねるが、船長以下乗員・乗客すべてが一致協力——一君万民《いっくんばんみん》・君民一体——して日本丸を二千年間航行させてきたのが、日本の歴史なのである。

第四章　皇位継承の危機

第一節　ノンフィクション作家保阪正康論文の意図

「秋篠宮が天皇になる日」に肝を冷やしたが……

平成二十一年正月十日の新聞朝刊を見て、私はわが眼を疑った。『文藝春秋』二月特別号の大広告に、「秋篠宮が天皇になる日」とあるではないか。近頃は、皇室記事を売り物にして販売部数の増加を図る週刊誌・月刊誌が少なくないから、大抵の広告の見出しには驚かなくなっている私も、これには胆を冷やした。『文藝春秋』は並のオピニオン雑誌とは違って、伝統と権威をもつ文芸・評論誌の王者である。それが「秋篠宮が天皇になる日」と題する論文名を右端巻頭に掲げ、「異例の誕生日会見中止。天皇の体調悪化と怒りの真相は？／家族の悲劇と浮上する皇位継承ナンバー2――」という副題を、二行に割って大々的な広告を打っているのであるから、必ずや皇室内に何らかの大変化が起こり、それをスクープしたのではないか、と憂慮したのは当然であろう。

　しかし私はこの七年来、体調が不如意《ふにょい》で外出できないし、当日は家族も所用があって書店に行けない。気はせいたが、実はこの執筆者の名前を見直して、〝待てよ、慌てることはない〟と、やや落ち着きを取りもどした。「保阪正康《ほさかまさやす》」とあったからだ。

　なぜなら、この人物は、最近では論壇の雄の一人として、マスメディアにもてはやされ、現に『文藝春秋』でも「ノンフィクション作家」の肩書きで読者勧誘の花形として持ち上げられている。しかし私は、もともとこの「ノンフィクション作家」を信用しないのである。ノンフィクションという英語の日本人の使い方を確かめるため、手近な辞書を引いてみると、「虚構を用いずに事実をもとにして書いた文芸作品、たとえば伝記、紀行、史実などの記録文学」（コンサイス・カタカナ語辞典、三省堂。傍点は引用者、以下同じ）ということだが、この人物の書いた文章の「虚構を用いた作品」にあきれた経験があるからだ。

保阪正康氏の「大胆な推測」は完全な歪曲

　それは彼の二・二六事件に関する記述である。今詳しく述べる必要もなく、問題の要点はすでに九年前の『日本』(平成十六年二、三、四月号)に掲載された拙稿「平泉澄博士と丙子の乱」の中で指摘しておいたことだが、彼は、二・二六事件に関する平泉澄《きよし》博士の行動について、とんでもない推測をして世人を惑わせ、平泉博士の名誉——忠誠心——を傷つけている(『秩父宮と昭和天皇』平成元年四月、文藝春秋発行)。その一節を示しておこう。

　平泉が、なぜ秩父宮を迎えにでたのか、その理由ははっきりしない。平泉は、表町御殿をたずね、そこで秩父宮の帰京の時間を聞き、水上駅で落ち合うことが可能と知って駆けつけたという説がある。が、何の権限があって、誰に頼まれて水上駅まで迎えにでたのか、といえば、これがまったくの個人的な単独行動であった。平泉の証言は、『秩父宮雍仁親王』などいくつかの書で紹介されているが、平泉の真意は、秩父宮が一刻も早く帰京して天皇、高松宮とともに事態の解決にあたるべきと考えたことと、上京の途中で他の人々に会って誤った状況判断をしてはならないと懸念したからだ、という。

　しかし、平泉のこの言はいかにも不自然である。(中略)大胆な推測をすれば、平泉は、決起将校に肩入れしていたのではないか。むろん平泉は、一私人だから(中略)それなのに駆けつけるという裏に、平泉に『秩父宮説得』を依頼した決起将校に好意的な陸軍の関係者がいるのではないだろうか。

(二五三頁)

　ここで彼が記している「大胆な推測」は、完全な失考、不当な曲筆であり、平泉博士は「決起将校に肩入れ」など一切されていない。現今《げんこん》ではすでに歴史学の立場から明白に実証されているように、むしろ、博士は叛乱軍の鎮圧のため決死の覚悟で尽力をされ、この一大事に臨んで、皇族が謀略によって離間されることなく、どこまでも天皇陛下を中心に一致団結して事に当たられるよう、秩父宮・高松宮殿下に急遽、私見を言上されていたのである（平泉博士と二・二六事件の詳細は、拙著『続・田中卓著作集』第五巻を参照されたい）。

　このような人物評価について、重要な事実の黒白を取り違えた「大胆な推測」を、平気で公言するような「ノンフィクション作家」を、私は信用することが出来ないのである。ちなみに、平成十九年八月再版の「中公文庫」の『秩父宮』（初版は平成十二年十月刊行）でも、保阪氏は、先に引用した前著（『秩父宮と昭和天皇』）の、「べき」（傍点部分）を「べきだ」し「だ」の一字を加えた以外、まったく同じ文章を繰り返しており、少しも修正されていない（三三九〜三四〇頁）。作家といえども〝ノンフィクション〟を名乗る以上、個人の進退にかかわる重要な誤解が判明すれば、率直に訂正し、不明を恥じるのが作法であろう。

第二節「秋篠宮が天皇になる日」ということの意味

タイトルをつけたのは保阪氏か「文藝春秋」の編集人か

ともあれ、私の周辺でも、この論文の出現を案じて、そのコピーを発刊当日に届けてくれる知友がいた。

通覧するに、題名は「秋篠宮が／天皇になる日」と、二行の大活字が躍っており、これは広告とまったく同じだ。ただ、その副題に当たるリードの文章には、やや異同があって、次の四行に変わっている（後の説明の便宜のため、ここでは改行ごとに番号を振っておくこととする）。

①異例の誕生日会見中止。
②天皇の心痛と怒りの核心は？
③未曽有の危機に浮上する
④皇位継承ナンバー2――

見られるように、異同のあるのは②と③だが、広告では②の部分が「天皇の体調悪化と怒りの真相は？」とあり、③の箇所が「家族の悲劇と浮上する」と記されていて、さらに厳密に対比すると、「天皇の体調悪化」が「天皇の心痛」、「真相」が「核心」、「家族の悲劇と」が「未曽有の危機に」と表現が異なっている。

右の異同の先後、またなぜに、どの段階で生じたのかは、部外者には未詳であるが、雑誌の場合は一般的に、論文題名とリードは編集長の専権事項として一任されているらしいので、この場合も、広告のことは論外として、また本誌の論文題名の考案者についても後述することとして、少なくともリードに関しては、おそらく本文執筆の保阪氏は直接関係しておらず、本号の奥付に見える「編集人　飯窪成幸」氏が、大きくかかわっていることが推測される。現に「編集だより」を見ると、リードによく似た次の文章がある。

> ついに天皇誕生日の会見も中止。ご体調の悪化も心配ですが、一連の騒動から天皇家の亀裂は依然として深い、と思わざるをえません。その平成皇室にあって、存在感を増しているのが秋篠宮殿下です。秩父宮、高松宮など近代皇室には何人かの弟宮がいますが、背負う重荷は際立っています。自身が天皇の座につく可能性があるばかりでなく、次の世代で唯一皇位継承権を有する悠仁親王の父親でもあるからです。保阪正康氏『秋篠宮が天皇になる日』は皇室の危機を読み解くに必読です。

ところで、論文題名そのものは、筆者（保阪氏）か編集人（飯窪氏）か、私には明らかでない。

しかし、「編集だより」を見る限り、筆者との見解は、基本的に一致していることに疑いはない。それで拙論では、一応、この論文題名を、両者の合作（少なくとも筆者の諒解済みであることは間ちがいない）と仮定して、以下、忌憚のない批判を提示しよう。

無礼で非現実的な皇太子殿下無視

かつて半藤一利氏に、『日本のいちばん長い日』という書名の作品があり、これは過去の終戦の日をめぐる二十四時間を書いたものだから、書名の意味はよく判る。

しかし、「秋篠宮が天皇になる日」というのは何のことか。意味不明で言葉の足りない表現である。例えば「秋篠宮が天皇になる日」『は来ないであろう』とか、逆に『近づいている』とかいうのであれば、日本語として意味が通るが、「天皇になる日」、だけで打ち切っては皆目意味が判らない。

この〝意味の判らない〟というのが曲者《くせもの》で、かえって読者を引きつける所以であることは、文筆関係者などには見え見えであるが、いやしくも皇室記事に関しては、このような手練手管《てれんてくだ》は使うべきでない。むしろ雑誌・筆者の品格を疑わしめるであろう。

元来、「なる」という言葉は〝ものが新たに現れる〟とか〝前の状態から別の状態に移る〟という場合に使う自動詞だが、今の場合は、新たに現れる以前の状態として、現在、第一に、今上天皇陛下が、御高齢とは申せ御在位されているのである。そのような現状の中で、「秋篠宮が天皇になる日」といえば、今上天皇陛下の御退位を仮想し、さらには皇太子徳仁《なるひと》親王殿下の御存在をも慮外においた書法ではないか。皇太子殿下が、何時の日か、今上天皇陛下の次に即位されることは、現行の『皇室典範』(第二条)によって明確である。それにもかかわらず、「皇位継承の順序を変える」というのであれば、「皇嗣に、精神若しくは身体の不治の重患があり、又は重大な事故があるとき」(第三条)に限られている。そしてその何れも、現在の皇太子殿下には、当てはまらない。

つまり、現実とはかけ離れて、皇太子殿下の御存在を無視するか、不慮の事故でも予想しなければ、「秋篠宮が天皇になる日」などという無礼──古風にいえば不敬《ふけい》──な発想は、出てこないはずの文言である。仮に百歩を譲って、皇太子殿下も人間でいらっしゃるから、突発的な「重患」や「事故」に見舞われることがあるかも知れず、ないとは断言できないから、その場合のことを案じて、仮に「秋篠宮が天皇になる日」を予想したのだと弁解するとしても、そのような予想ならば、皇太子殿下に対してだけではなく、秋篠宮文仁《ふみひと》親王殿下、悠仁《ひさひと》殿下についてもいえることではないか。

第三節　保阪論文の意図するものとその批判

そのほとんどが旧聞の再編

このように、論文の題目自体が奇妙であるが、問題は「総力取材」と自画自賛する記事の内容もさらに不可解といわざるを得ないことだ。

冒頭には「平成が始まって二十年の節目が過ぎたが、皇室はかつてない不安と緊張に包まれている」として平成二十年末の天皇陛下の御体調の変化、雅子妃殿下の御容態、皇太子殿下のポリープの心配などを書き並べて、さらに羽毛田《はけた》信吾宮内庁長官の記者会見発言の、「雅子妃に対するメディアの論調に『両陛下は深く傷つかれた』こと」などを強調し、定例の天皇陛下の誕生日会見の中止を問題とする。さらにその後の論文小見出しを列挙すると、次の通りである（原文にはないが、後の批判のため各小見出しに番号を付しておく）。

①「秋篠宮会見の意味」
②「『公務軽減』をめぐって」
③「『傷ついた』の応酬」

④「弟宮の宿命」
⑤「『人格否定発言』で一変」
⑥「『戦争』をどう継承するか」
⑦「学問と王の孤独」
⑧「『天皇』の父として」

以上、十七ページに及ぶ長論文の小見出しを一覧すると、いかにも意味深長で、課題に富んだ重厚な論文のように思えるが、それぞれを熟読してみると、これらの問題点は、ほとんど過去の週刊誌・論壇誌等で取り上げられた旧聞に属する話題で、保阪論文独自のスクープや新事実の発掘というほどのものは何もない。

しかもこれを『文藝春秋』誌が「総力取材」と銘打って宣伝するのには恐れ入る。これは「取材」でなく「再編」程度の記述にすぎない。ただ従来、すでに問題として報道された内容を、保阪氏が巧みに編集して、一般読者向けには説得力を強化しているから、「編集だより」が、「天皇家の亀裂」が深いといい、その中で「存在感を増しているのが秋篠宮殿下」と評価するのも判らなくはない。要するに、この編集者の評価こそが、保阪氏自身が強調したい意図であろう。しかし、保阪氏がその目的を達するために、その論旨の中には、事実と異なるような〝推測〟または〝虚構〟があり、このやり方は、既述の平泉博士の場合と同様である。各節の検討に入ろう。

ただ世間の関心を煽りたいだけの無責任な言葉

第①節の「秋篠宮会見の意味」の中で、羽毛田長官の発言――皇太子御一家の両陛下のもとへの参内《さんだい》（宮中へ参上すること）回数が少ないこと――をとらえて、「その背後に、天皇の強い不満があることは明らかだ」（九六頁）と述べ、一方で秋篠宮殿下のお言葉を巧みに引用して、「こうした皇太子の態度に、天皇は強い怒りを抱いているとも考えられる」（九六頁）と記している。もともと天皇陛下の「強い不満」とか「強い怒り」などという激しい表現は、よほどの実証がないと書けない性質の文章だが、前者は「明らかだ」と断言出来るような確証はないし、後者も「考えられる」という程度の曖昧な推測にすぎない。それに対して、天皇陛下は、何の弁解も反論も出来ないお立場であるが、平成二十年のお誕生日（十二月二十三日）の文章での御感想の一節で、次のように述べられている。

「皇太子妃が病気の今、家族が皆で、支えていくのは当然のことです。私も、皇后も、将来重い立場に立つ皇太子・皇太子妃の健康を願いつつ、二人の力になっていきたいと願っています」（宮内庁ホームページ）

つまり、皇家の家族の絆《きずな》を大切にして、皇太子・同妃殿下を、ことさらに愛護されているお気持ちがひしひしと伝わってくる御言葉である。もちろん、陛下としては、子も孫も可愛いし、参内の回数が多いほど、お喜びであろうこと、世の常人《じょうにん》と等しいにちがいないから、その御希望があることは当然であろう。

しかしお互いにそれぞれの御立場があって、一般の人々と異なり参内の回数が制約されることも、陛下はもちろん百も御承知のはずである（なお、論者の中には参内によって、陛下は皇太子殿下に公務の重大なしきたりを伝授したいとの御配慮があるかのごとく言いふらす者があるが、大事な秘儀は、皇太子殿下になられた時〈昭和六十四年、当時二十八歳〉から機会あるごとに伝授されていたはずで、この期《ご》〈四十八歳〉に及んで伝授せられることではあるまい。また格別な伝授が必要な場合は、直接に参内を招致されるであろう）。

あるいは時と場合によって、親子としての御判断のちがいから、御不満をもらされることも、おありかも知れない。しかし、側近からもれる、さような些細な一言一句を取り上げて「強い不満」とか「強い怒り」とかの表現で、世人の関心を煽り立てるのは、俗にいう毛を吹いて傷を求める類《たぐい》で、三文文士のやることだ。

今の場合の最も明確な一等史料は、天皇陛下御自身の御言葉であって、それ以外の者の伝聞や推測は、参考史料にすぎない。まして、弟君の秋篠宮殿下を引き合いに出して、「とある宮内庁関係者」の「いま秋篠宮は両陛下と最も近く意見を交わす存在」（九六～九七頁）という無責任な発言を利用するが、それぞれの御立場からいって、公的な皇太子殿下よりも、御次男で自由な秋篠宮殿下が気楽に振る舞われても、それは当たり前のことである。

慎重な気配りを「優等生的で無機質な感」と表現

第②節の「『公務軽減』をめぐって」では、天皇陛下の御体調を心配して、「いち早く言及したのは秋篠宮だった」（九七頁）といい、「それに対して本来、天皇のつとめを継ぐ者として、この問題に最も意識的であっていいはずの皇太子は、昨年〈平成二十年〉二月の誕生日会見で次のように発言している」として、慎重に気配りした御言葉を引用する。

そして「いかにも皇太子らしい優等生的な回答だが、具体的なことは何も言っていない」（九七～九八頁）として、その御発言は「無機質な感を受ける」と批判する。「無機質」とは何を指すのか明らかでないが、おそらく親愛の情が薄いという意味かと思われる。

しかし「皇嗣」に当たられる皇太子殿下が、父天皇の御体調について、十分な配慮をして記者に語られるのは当然ではないか。そのような事例を並べて、「こう見ていくと、秋篠宮は立場に違いはあるが、皇太子と比較しても、今の皇室にあって貴重なコミニケーター役を果たしているといえる」（九八頁）と、高い評価を下してこの節を結ぶ。

無礼を屋上屋するメディアの傲慢

第③節の「『傷ついた』の応酬」

も、最初に保阪氏は、「私が気がかりなのは、平成の皇室が、近年、メディアへの苛立ちを強めていることだ。」と述べて、平成十九年十二月二十日に行われた天皇陛下の誕生日に際しての記者会見の結語部分を引用しているが（一九九頁）、この時の御言葉を、宮内庁ホームページによって、もっと詳しく紹介すると、次の通りである。

今年の欧州訪問前の記者会見で、私は皇太子時代の外国訪問に触れ、「名代という立場が各国から受け入れられるように自分自身を厳しく律してきたつもりです。このような理由から、私どもは私的に外国を訪問したことは一度もありません。現在、皇太子夫妻は名代の立場で訪問することはありませんから、皇太子夫妻の立場で、本人、政府、そして国民が望ましいと考える在り方で、外国訪問を含めた交流に携わっていくことができると思います。」という話をしましたが、一部に、これを皇太子一家のオランダでの静養に対して苦言を呈したものと解釈されました。これは、私の意図したところと全く違っています。

（中略）

私は、このようなことを、記者会見で述べたのであって、決して皇太子一家のオランダ静養に苦言を呈したのではありません。なお、私は去年の誕生日の記者会見で、オランダでの静養について質問を受け、医師団がそれを評価しており、皇太子夫妻もそれを喜んでいたので、良かったと思っている旨答えています。
　このように私の意図と全く違ったような解釈が行われるとなると、この度の質問（私注、「ご家族についてお聞きします」）にこれ以上お答えしても、また私の意図と違ったように解釈される心配を払拭（ふっしょく）することができません。したがってこの質問へのこれ以上の答えは控えたく思います。

　これは明らかに一部メディアの誤解に対する天皇陛下のお叱りであり、当然の御不満である。それを、皇室の「メディアへの苛立ちを強めている」などと評するのは、身の程を知らぬ無礼の発言で、西尾幹二氏流にいえば〝傲慢の罪〟を犯している。この場合、むしろ保阪氏からは、メディアを代表した形で、お詫びの一言があって然るべきであろう。

宮内庁と東宮側の対立をデッチ上げ強調する保阪氏

　また平成二十年十二月十一日の羽毛田長官発言をめぐっても、宮内庁側と東宮側の見解は、保阪氏のいうような、反論の「応酬」という意味でなく、メディアの報道に問題があったことを、陛下が残念に思われたという点では、一致している。詳しくは、次に引用する宮内庁ホームページ（平成二十年十二月二十四日）の両者合作の公表文を見れば明らかである。

最近の皇室関連報道において、羽毛田宮内庁長官および野村東宮大夫の記者会見での発言を取り上げ、東宮大夫が宮内庁長官に対し、皇太子妃殿下が長官発言に傷つかれた、あるいは妃殿下の方がより傷つかれている旨の反論を行ったなど、あたかも宮内庁内部が対立しているかのように報道する記事が見受けられます。

しかし実際は、宮内庁長官は、「皇室そのものが妃殿下に対するストレスであって、ご病気の原因ではないか」といった論調がしばしば報道等で見られることに対し、両陛下が深く傷つかれた旨発言し、東宮大夫も長官の発言に同調し、このような論調には妃殿下も深く傷つかれている旨述べたものです。また、皇太子妃殿下が長官発言に傷つかれた、あるいは妃殿下の方がより傷つかれているとの東宮大夫からの発言は一切ありません。したがって、東宮大夫が公の場で宮内庁長官に反論したとし、あたかも宮内庁内部が対立しているかのような報道は全くの誤報です。

それにもかかわらず、保阪氏は宮内庁と東宮側の対立を強調し、「この八方ふさがりの状況下にあって、比較的自分の言葉で説明しようとしている点でも、結果として秋篠宮の存在感が増していると感じるのは私だけだろうか」(一〇〇頁)と、秋篠宮殿下の存在感を持ち上げている。

ということは、皇太子殿下のそれが低くなっていることをいいたいのであろうが、「存在感」などという言葉は、基準を異にすれば、まったく個人的判断で客観性はない。同誌の「編集だより」でも前述のように、「平成皇室にあって、存在感を増しているのが秋篠宮殿下です」とまったく保阪説に同調しているが、他方、こと皇室情報に関しては、少なくとも保阪氏よりは詳しいと思われる斎藤吉久氏が、自らのメールマガジン「誤解だらけの天皇・皇室」の中で、「皇室祭祀の伝統」に関してではあるが、「高まる皇太子の存在感」を主張している(平成二十一年正月十三日発行)。

乱用される「皇室関係者」の発言の信憑性

第④節の「弟宮の宿命」は、要するに皇太子殿下と秋篠宮殿下との御性格の比較論で、皇太子殿下は高校時代から「喜怒哀楽の感情表現に乏しく」(担任の言葉)、「現在、皇太子の会見から感じる平板さ、無機質な印象がすでにあらわれているともみることができる」(一〇一頁)と冷たく述べ、秋篠宮殿下については「基本的に、宮様はすごくざっくばらんな性格」「リーダーシップもある」(高校の同級生の発言)、あるいは「端倪《たんげい》すべからざる人間洞察です」(宮内庁担当記者)

などの讃辞を並べて、優劣の印象を読者に与える。

第⑤節の「『人格否定発言』で一変」は、皇太子殿下が平成十六年五月の記者会見で、雅子妃殿下の外交官としてのキャリアや人格を否定するような報道が一部にあることを率直に訴えられたのに対し、秋篠宮殿下が、このような発言は「せめて事前に陛下とその内容について打ち合わせておくべきだった」「私としては残念に思います」と述べられた有名な事件である。

しかし公平に見て、メディアの中に、雅子妃殿下のキャリアや人格を否定するようなスキャンダルまがいの記事があったことは事実で、それに対して皇太子殿下が問題提起をされたことは、むしろ勇気ある発言である。

また、もし皇太子殿下が事前にその発言内容を天皇陛下に御相談しておられれば、保阪氏は、おそらく「優等生的な回答」で「具体的なことは何も言っていない」「無機質な感」を与えるだけだ、と酷評するにちがいない。いや、それだけではない、その発言内容から派生する責任は、陛下にも波及する恐れがある。皇太子殿下が、御体調の悪い妃殿下を案じ、御自分の責任と判断で発言されたのは、不惑《ふわく》を越えた夫として、当然のことではないか。

皇嗣とは申せ、夫婦間のプライベートな問題で、いつまでも親に寄りかかり、責任を分かち合うのは潔《いさぎよ》しとしないであろう。記者会見は皇室の公務でも義務でもない。皇室と民間との精神的交流の場にすぎない。むしろ問題があるとすれば、その御発言に対して、その場で、メディアには〝妃殿下の人格否定〟につながるようなスキャンダル記事を流す不埒《ふらち》な者はおりません、と断言し、反論するだけの自信と気骨のある記者が一人でもいたのかどうか、という点である。私はそれを、保阪氏に尋ねてみたい。

またその翌年に妹の紀宮《のりのみや》内親王の「ご結婚をサポート」されたことをはじめ、悠仁《ひさひと》親王のお生まれになったことに言及し、「皇室関係者」の言を借用した形で、「皇位継承という皇室最大の問題を解決したのですから、秋篠宮殿下の存在感は否応なしに大きくなった。両陛下も、皇太子殿下との亀裂が大きくなるのと反比例するように、秋篠宮殿下をいっそう頼りにするようになったのです」（一〇三頁）と語らせている。

実名を挙げず、「皇室関係者」「宮内庁関係者」「宮内庁担当記者」を持ち出すなら、何とでもいえる。そのような発言をいくら乱発されても、私ども歴史家は、誰も信用しない。いやしくも〝ノンフィクション〟を名乗る評論家ならば、自分の足で公平に現状を調べあげ、責任を明確にした実証的な記事を提供してもらいたい。

確証のない推測で皇太子殿下をひたすら貶める

第⑥節の「『戦争』をどう継承するか」も、皇太子殿下に対する評価をさげるため、秋篠宮殿下を盛んに持ち上げる一方的な文章である。

書き出しに、「興味深いのは、近年の秋篠宮の活動を見ていくと、天皇・皇后の志を継承しようとする姿勢が見て取れることだ」（一〇四頁）とあり、平成二十年八月に秋篠宮殿下が御家族で「学童疎開船メモリアルウィーク」の催しに出席され、戦争で沈没させられた「対馬丸」「武州丸《ぶしゆうまる》」に乗船していて犠牲となった学童達に対して、深い哀悼のお気持ちを示されたことを詳しく説く。続いて平成十七年、秋篠宮御一家が満蒙《まんもう》開拓の引揚者の労を偲ばれたこと、また今上天皇陛下が皇太子時代に挙げられた〝どうしても記憶しておかなくてはならない「四つの日」（広島・長崎原爆の日、終戦の日、沖縄戦終結の日）〟には秋篠宮家では家族全員で黙禱をされていることを特筆する。それはそれでまことに結構なことで、この紹介に関する限り、何の異議もない。

ところが保阪氏は、平成十七年八月十五日（終戦の日）の皇太子・同妃殿下の行動を取り上げて、この日、「静養中の那須でテニスや花火を楽しんだことが報じられ、さまざまな波紋を呼んだ」（一〇五頁）と、わざわざつけ加えて対比させている。これは明らかに、皇太子御一家が、秋篠宮御一家に較べて、戦没者に対して無関心、冷淡であることを際立《きわだ》たせるために工夫された文脈である。

しかし、もともと皇太子殿下御一家は、同年八月十日から八月二十二日まで那須御用邸の附属邸に御滞在される予定で、皇太子殿下だけは先に那須を出発して八月十七日に東京の東宮御所にお帰りになっている。一週間足らずの御静養の間に、妃殿下とテニスをされ、愛子内親王様と花火を楽しまれたとして、何が悪いのだ。

問題は、その間にある「八月十五日」に、戦没者の冥福を祈り、平和を守る意味の〝黙禱〟をされたかどうか、ということだが、それを〝されなかった〟という確証があるのか。〝八月十五日〟といっても、ふつうは、一日中〝黙禱〟をし続けているわけではない。当日の正午、日本武道館で天皇陛下がささげられる〝黙禱〟に合わせて行うのであるから、その他の時間帯に、テニスや花火見学をされたとしても、少しも差し支えないはずだ。

もし、当日の正午にも、皇太子殿下御一家が遊び惚《ほう》けておられたという明確な事実でもあれば、それは御反省されて然るべきことだが、一体、保阪氏は、そのことを確かめて書いているのか。その確証なしに、秋篠宮家との対比をしても、それは比較の基準を恣意的に移動させ、皇太子殿下御一家を貶《おとし》めるための作文となる。先ず保阪氏のなすべきことは、当日の皇太子御一家の時系列を追った御行動を、自分で詳細に調査することだ。そのことなしに、このような対比の文章を故意に掲げるのは、非常識というものだ。

また平成十六年、皇太子殿下の四十四歳のお誕生日の記者会見で、昭和天皇が終戦の聖断を下されたのと同じ歳であられるため、戦争と関連した質問があり、それに答えられた内容を紹介して、「昭和天皇は本当にいろいろご苦労もおありだったと思いますし、本当にその激動の時代を生きられたと思います。（中略）今改めてこの四十四歳でそういうことをなさっておられたという事実にやはり深い感慨を覚えます」と伝えている。

そして保阪氏は「あたりさわりない言葉だが、私には皇太子の言からは明治大正昭和平成という時間の流れに自らも連なるという感覚が伝わってないように思える」（一〇五～六頁）と述べている。そう思えるのはご自由だが、私には逆に、昭和天皇を敬愛される実に誠実な、しかも賢明な御発言であることに敬服する。なぜか。

おそらく保阪氏は、皇太子殿下から、大東亜戦争が〝侵略〟であったとか、被害国に〝お詫び〟するとか、いわゆる村山富市首相の発言（平成七年八月十五日）に類した表現のお言葉を期待したのかも知れないが、皇太子殿下は優れた歴史学者であられるから、戦争の評価は後世の歴史家に委《ゆだ》ねてよい、ということで、この場では、昭和天皇の御苦労を偲ぶお気持ちを述べるだけで終わられたのであろう。

ある意味で、記者達は肩すかしをくらわされた感じであったことには同情するが、もしこの時、皇太子殿下が、村山発言のようなことを述べられたら、悔いは千載に残ったであろう。その他に、保阪氏は秋篠宮と京都の泉涌寺《せんにゅうじ》のこと、御歴代天皇の式年祭の儀等の皇室の歴史に言及しているが、そのようなことは、むしろ歴史に詳しい皇太子殿下の御専門領域で、肝心の論題とは何の関係もない。

結局、鬼面人を驚かす程度でしかない保阪論文

第⑦節の「学問と王の孤独」についても、「皇室のもうひとつの伝統として、文化、学問への取り組みがある」として、秋篠宮殿下が国立総合研究大学院大学から理学博士の称号が授与されたことなどを紹介し、「秋篠宮が学問の世界に、皇室以外にも自らの居場所を築いたことの意味は大きい」と述べる。そして昭和天皇を例に挙げて、「立場上、孤独であることを強いられる天皇にとって、学問の世界は知的な興味の追究にとどまらず、深いところで孤独への慰めであり救いになっていたのではないだろうか」（二〇七頁）と説く一方で、「皇太子にそうした場所が見当たらないことが気にかかる。登山やマラソン（中略）では孤独は深まるばかりだろう」（二〇七頁）などと、むしろ自らの無知を露呈する。

保阪氏は、皇太子殿下が学習院大学から同大学院に進学して、史学、特に中世の交通・流通史を専攻され、さらにオックスフォード大学のマートン・カレッジに留学して、テムズ川の水運について研究され、水運に関する皇族学者として世界に著名なことを知らないらしい。

平成十九年（二〇〇七年）には国連の「水と衛生に関する諮問委員会」の名誉総裁に就任されている。また平成二十年（二〇〇八年）七月にはスペイン政府の招待によってサラゴサ国際博覧会の「水の論壇」シンポジウムで「水との共存——人々の知恵と工夫——」と題する特別講演もされ、世界の好評を博しておられる。決して登山やマラソンだけではない。

第⑧節の「『天皇』の父として」も、これは現在の皇太子殿下に男子がおられないこと、弟の秋篠宮殿下に悠仁親王殿下がお生まれになったことによる経緯から自然の運命であり、皇統の継承としては、慶祝にたえないことである。しかし、皇太子殿下・雅子妃殿下が責められるべきことではない。先年来の男系・女系論争には、今ふれないが、それと同時に重要な課題は、「養子」（または「猶子《ゆうし》」）による女性宮家の必要性である。でなければ、現在の他の宮家は女子のお子様ばかりで、このままでは徳仁親王殿下が即位される頃には、それこそ文字通り〝孤独〟の皇族となってしまわれる。私どもはそのことを憂えるのである。要するに、この保阪論文の題名と内容は、鬼面人を驚かす程度の論稿にすぎない。

［補稿］以上で拙稿の「皇統継承の危機」の前半は終わるのであるが、ちょうどその稿了の日（平成二十一年正月二十二日）、『週刊新潮』（一月二十九日号）が発売され、巻頭評論が「皇太子を追い詰める『秋篠宮天皇』記事の『仕掛け人』」とある。今度は〝仕掛け人〟の言葉に驚いたが、これは四ページの軽いもので、種々の天皇側近者が登場するが、目新しいことは何もない。唯一つ注目されるのは、以下の八木秀次氏の発言である。

「タイトルを見て、皇太子さまの廃嫡や皇位継承順位の変更、または秋篠宮さまが次期天皇に向けて強い決意をなさっているとの逸話などが書かれているのかと期待したのに、中身は〝皇太子よりも秋篠宮のほうがいい〟という議論ばかり。先日、文春の役員とも話をしたのですが、彼も渋い顔で、羊頭狗肉《ようとうくにく》だと評していました」
と。この八木発言を引き出したのは、さすがに『週刊新潮』の腕前といってよい。

第四節　皇太子殿下の「学問の世界」と八木秀次・保阪両氏の発言

皇太子殿下は世界的に著名な水運史学者である

前述の拙論は、『文藝春秋』平成二十一年二月号（正月十日発売）掲載の保阪論文を、早急に批判するため、意を尽くさない点が少なくないが、今は、さらに以下の二点だけを書き加えておくこととする。

その一は、「**第⑦節の『学問と王の孤独』**」の中の、皇太子殿下の学問上の御業績に関してである。拙論では、殿下がオックスフォード大学に留学されて、テムズ川の水運について研究され、その方面では世界的に著名なことに言及したが、具体的な事例を割愛したので、読者の中にも十分に理解していただけなかった向きがあったかも知れない。

そこで、次に宮内庁編の『宮内庁要覧』（平成十六年版）によって、やや詳しく紹介して、保阪氏が、ことさらに秋篠宮殿下の場合と対比して、皇太子殿下には、「登山とマラソン」が主で

「そうした場所」――ここでは「学問の世界」を指す――「が見当たらないことが気にかかる」（一〇七頁。傍点は引用者、以下同じ）と、批判的に述べた偏見を匡《ただ》しておきたい。

皇太子殿下は、平成4年4月からは、学習院大学史料館客員研究員の委嘱を受けられ、日本中世史の研究をお続けになっています。平成3年に学習院大学経済学部の授業『経済学・経営学特殊講義：交通の国際比較――歴史と理論』にゲスト・スカラーとして4回講義を、平成15年11月には、学習院女子大学国際文化交流学部の授業『北米文化論』において、『北米文化の源流・イギリスの社会と文化について』と題して講義をされたほか、平成15年3月には名誉総裁としてご臨席された『第3回世界水フォーラム』の開会式において、「京都と地方を結ぶ水の道」と題して記念講演をされました。また、英国ご修学中のご研究の成果を英文で『The Thames as Highway（交通路としてのテムズ川）』としておまとめになり、平成元年4月刊行されました。平成3年9月、オックスフォード大学で同大学名誉法学博士号を授与されました。（三九頁）

なお、前項で紹介した平成二十年（二〇〇八年）七月スペインのサラゴサ国際博覧会の「水の論壇」シンポジウムにおける皇太子殿下の特別講演「水との共存――人々の知恵と工夫

——」の全文が、宮内庁のホームページに日本語で掲載されているから、是非精読していただきたい。読者は、皇太子殿下の博学と優れた御見識に感嘆するであろう。

言論人としての信用を失った八木秀次氏と品格に乏しい保阪氏

その二は、第三節末尾の［補稿］に指摘した『週刊新潮』(平成二十一年一月二十九日号)の記事に関してである。ここで私は同誌の編集者が八木秀次氏の発言を引き出したことを〝さすがに〟と評価しておいたが、これには深い意味がある。

八木氏は、もともと皇太子妃雅子殿下に対して、病身を理由に宮中祭祀に不熱心であるとか、現『皇室典範』にいう「男系の男子」生誕の可能性が乏しいので、将来の皇位継承を考えると皇后の資格を欠く等という理由で、批判的な言辞を弄していたが、秋篠宮妃殿下の御懐妊が報ぜられると、逸早《いち》く次のような談話を発表した(朝日新聞『アエラ』平成十八年二月二十日号)。

最近、尊皇心の強い人に出会うと、皇太子ご一家3人がそろって皇籍を離脱したらいいという意見を聞く。彼らの言い分では、この際、東宮そのものをなくして、皇位継承の中心的存在を秋篠宮家にした上で、旧宮家の皇籍を復活させ、縁談を進めればいい、という考えだ。今回のご懐妊でも秋篠宮殿下の強い責任感を感じる。

このような考えを皇室に抱くことは本来、望ましいことではないとは思う。しかし、いまの東宮はそんなことも考えたくなるほどの状態であるのも確かだ。

やはり、雅子さまを皇位継承とは無関係の立場にしたらいい。他の宮家が皇位継承を担い、雅子さまにはご自身のキャリアを生かした活動を存分にしてもらう。

文中では「尊皇心の強い人」とか「彼ら」の「意見」とあるが、それが八木氏自身の、あるいは彼を含む一派の考え方であることは明らかだ。

この当時の批判は、東宮でも雅子妃殿下に標的がしぼられていたが、その後、「男子」の悠仁親王殿下が御生誕になると、発言はますます過激となり、皇太子殿下の廃嫡を意味するような論調にまで展開する（『正論』平成二十年四月号等）。そこへ、平成二十一年　月の『文藝春秋』の保阪論文の大広告が出たものだから、彼は有頂天になって、前項で紹介したように、「タイトルを見て、皇太子さまの廃嫡や皇位継承順位の変更、……などが書かれているのかと期待したのに……」という言葉を思わず口走ることになったのであろう。さらには〝期待はずれ〟の憂《う》さ晴らしのため、「文春の役員」の放言〝羊頭狗肉〟の内輪話まで誌上で暴露してしまった。『文藝春秋』の失態と困惑はいうまでもないが、この一件は、かえって言論人としての八木氏の信用を失う自縄自縛になること疑いあるまい。

一方、保阪氏は同じ号の『週刊新潮』で、編集者の取材に対して、次のように答える。

今回の記事の趣旨は簡単で、決して秋篠宮に天皇を譲るべきだとか、そうしたことを主張するものではありません。ちょうど（大正天皇の次男で、昭和天皇の弟にあたる）秩父宮の伝記を書いているところだったので、文春のデスクに〝皇太子の弟論〟をやりたいと持ちかけましてね。それって面白いんじゃないのということで、記事にすることになった。だから、あくまで〝次男の物語〟を書いたつもりなんですよ。

（略）

前々から予定していた原稿ですので、（年末に公にされた）天皇のご病気とは関係がありませんし、何か宮内庁で具体的な動きがあるから、というものではないのです。メディアや一般読者の方からも問い合わせがあって、〝どんな背景があって書いたのか。これは皇太子への批判なのか〟と聞かれましたけれど、まさかそのようなことを申し上げる立場でない。私の〝次男論〟に編集部が追加取材をしたまで。渡辺さんにも編集部が取材してくれました。あのタイトルもつけてもらったものなんです。

あれだけの皇太子殿下批判の刺激的な長論文を書きながら、何ともアッケラカンとした返事だ。要するに彼は、原稿売りこみが得意で、皇家の〝次男の物語〟で世間を騒がせた、罪深い人物にすぎない。皇室問題を憂い、国家の大事を真剣に論ずるような品格とは縁遠い作家というべきだろう。

第五節　変の至るや知るべからず

嘘を百回唱えて革命を起こそうとする論壇

このように丹念に吟味検討してくると、保阪氏の〝提起した秋篠宮天皇論〟が、現時点においては荒唐無稽に近いことが解明せられたであろう。

しかし、一犬虚《いっけんきょ》に吠《ほ》えて、万犬実《ばんけんじつ》を伝う、ともいう。まして彼は論壇の花形であり、『文藝春秋』のデスクさえも、容易に手玉にとられるほどの論客である。

そして平成二十年後半期の論壇では、著名な西尾幹二氏が『WiLL』誌を舞台として、皇太子・同妃両殿下批判の連載をくりひろげ、今回の保阪氏『文藝春秋』の一件についても、「皇室問題／『文藝春秋』は／腹がすわっていない」と題して、扇動的な十八ページの長論文を同誌の平成二十一年三月号に掲げている。

内容は、多岐に拡散して事新しいことはないが、この筆者、西尾氏の心底には、皇太子・同妃両殿下だけでなく「天皇家」についても、天皇制度という「船」に「たまたま乗船している」「乗客」で、「一時的に船をお預かりしている立場」にすぎず、「船主」ではない、という歴史に背く異様な認識がある。そのため乗客の中に――この言葉に、皇太子・同妃両殿下が含まれる――「船酔いをして乗っていられない個人は下船していただく以外にないだろう」という革命思想が秘められている（本書の「第三章」を参照）。

しかも、この西尾・保阪論に対して、旧皇族を自称する竹田恒泰氏は別として、現在の論壇はほとんど黙して語らずで、資料を挙げての本格的な反論もなく、事勿《ことなか》れの姿勢に終始しているように思われる。

この姿は、情けないというより、むしろ恐ろしい事態ではあるまいか。半《なか》ば病床にある私が、微力を傾けて拙文を綴るのは、この現状を見るに見かねてのことである。

山鹿《やまが》素《そ》行《こう》の『武教小学《ぶきょうしょうがく》』に、「変の至るや知るべからず。すなわち豈《あに》怠るべけんや」（原漢文。「行住坐臥《ぎょうじゅうざが》」）とある。今は、嘘も百回繰り返せば事実と思われる情報氾濫の世の中だ。主要な論壇が、西尾・保阪・八木氏等の論調によって支配され、皇室に対する一方的な批判を大声で唱えても戒める者もなく、誤った歴史観と皇室を売りものにするメジャーが一世を風靡すれば、皇統の護持、必ずしも安泰とはいい得ない。まさに変――革命――の至るや知るべからず、である。

私は大東亜戦争の敗北を経験した、今や数少ない生き残りの一人である。敗戦時の日本人の真情は、高村光太郎氏の「一億の号泣」（拙著『平泉史学と皇国史観』所収。二一八～二二一頁）によく表れているが、当時、大学卒業後で国史を学び始めていた私が、ただちに連想したのは〝壬申の乱〟であった。それは、日唐戦争に敗れた後の日本が、外敵とは講和したものの、国内で、天《てん》智《ち》天皇の崩御後、近江の大友皇子方と吉野の大海人《おおあま》皇子方の両陣営に分かれ、国家を二分して戦った悲惨な内乱である。そのため、私の最初の研究テーマは〝壬申の乱〟であり、それは戦後の学界では最も早い時期に属していた（『田中卓著作集』第五巻『壬申の乱とその前後』所収）。

国民と国家の団結を自壊させるデマの恐ろしさ

当時の私の憂慮したのは、敗戦後のわが国が、アメリカとは何とか和平を結べても、国内で、天皇政治をめぐって左右両派の対立が深刻となり、壬申の乱と同様な内乱によって大混乱に陥るのではないか、という懸念であった。私の研究の詳細を今述べる必要はないが、ここで是非、読者の注意を喚起しておきたいのは、〝誤報〟または〝デマ〟の恐ろしさである。

古来、開戦には種々の要因があるが、誤報やデマほど判断を誤らせるものはない。近くはアメリカがイラク情報を誤って泥沼の戦争に陥ったこと、周知の通りであろう。壬申の乱の発起も、種々の学説があるが、私は誤報からきた疑惑、不信感が大きいと考えている。

『日本書紀』によれば、天智天皇は病床にあって、皇太弟《こうたいてい》（天皇の弟）の大海人皇子に皇位を継承させようとされたが、大海人皇子は、側室の出生ながら、わが子の大友皇子を愛する天智天皇のお気持ちを察して、自らは皇位を固辞し、洪業《こうぎょう》は倭姫《やまとひめの》皇后にさずけ、大友皇子をして儲君《ちょくん》（皇太子）として諸政の奉宣、つまり摂政に推薦し、自らは病身を理由に吉野に出家される。

ところがその後、近江側では、吉野を攻める戦闘準備をしているとの情報が入る。そのため、大海人皇子は善意を裏切られたと思い、意を決して東国に入り、兵を集めて内乱の勃発となるのである。この場合、果たして近江側に実際に吉野側を攻撃する策謀があったのか、それとも何れかの側近に大友皇子と大海人皇子との離間をはかる謀略があったのか、今では明確に出来ない。

しかし私見では、当時、もし倭姫皇后が天皇に即位され、大友皇子が摂政となっておられれば、ちょうど斉明天皇（女帝）と中大兄皇太子（後の天智天皇）の称制《しょうせい》（天皇の崩御後、皇太子や皇后が即位せずに政務に当たること）と同じ形で、敗戦直後に敢えて内乱を惹起するような必然性はなかったと思われるし、『懐風藻《かいふうそう》』等によって知られる大友皇子の御性格や学識から察しても、進んで変を起こされたとは考えがたい。おそらくは両者の間に、情報が入り乱れ、誤報か誤解かが介在したのであろう。

内乱はこのようにして起こる場合が少なくない。もちろん、かような誤報や誤解からでなく、意図的、計画的な反乱もあることは当然である。昭和の二・二六事件などはその例である。しかし、現在の日本において、武力をともなう内乱が容易に起きるとは考えにくい。

しかし今日の危機は、むしろ虚報や無知によって、建国以来二千年に及ぶ神恩・皇恩の有難さや、君臣の義を知らず、また被占領下に作成された擬似憲法にもとづく主権在民をふりかざして、民主・利己・権利・自由を強調する連中が、〝君民一体〟〝一君万民〟という特色あるわが日本の国家・国民の団結を自壊させるために、その中核の皇族離間を策謀し、人心を分裂せしめる言論にあろう。現今の大衆は言論に左右されやすいからである。

平泉澄博士は早くこの点に気づかれて、自らの「風稜日記」大正七年六月二十七日条に、次のごとく記されていた。

「今ノ世ニ於テ曲学阿世トイフハ民主自由ナドヲ唱ヘテ花々シク絶叫スル輩ナリ、／維新ノ志士ノ如ク幕府ト争フハ却ッテ易シ、今後俗衆ト争フハ非常ノ困難也」

当時、博士は東大卒業（同年七月五日）の直前で、弱冠二十四歳であった。

第六節　皇位の父子相承と兄弟相及

養子、女系天皇がなければ天皇制は続かない

現在の世界を見てもよく判るように、共和制の特色は大統領の選出を国民の投票に委ねることであり、君主制の特色は君主の世襲を前提とすることにある。

前者は、民意を代表する点で理解されやすいが、同時に世論の動向によって政権の不安定さがつきまとい、衆愚政治に陥る危険もある。

一方、後者は歴史と伝統に支えられ、道徳と秩序が保たれやすいが、世襲が順調にゆくかどうか、また君主にその人を得るかどうかに懸念があり、一歩誤ると他の権力者による革命が起こる。シナをはじめ各国の君主制の王朝がしばしば崩壊を繰り返しているのはそのためである。

幸いにしてわが国は、御歴代天皇の世襲が全うされ、今や世界に比類のない〝革命なき天子一系〟の君主国として屹立する。しかし歴史を精査すれば皇位の継承には、しばしば危機に瀕する場合があった。それを乗り越えてきたところに日本歴史の苦難と栄光があり、それはおそらく大方の周知するところであろうから、小論では言及しない。

しかし、今、わが国が直面する現実において、今上天皇陛下から皇太子殿下へは、皇位の継

承について何の問題もないが、皇太子殿下が即位された後の次の皇太子——やがては即位して天皇陛下——がどなたになるか、という点については、看過しがたい課題がある（ただし、今後、『皇室典範』の改正があれば、以下の議論はすべて白紙となること勿論である）。

それは、『皇室典範』第一条では「皇位は、皇統に属する男系の男子が、これを継承する」とあり、第二条によれば、現在の皇太子家に愛子内親王お独りの場合は当然、順位第四位の「皇次子」の秋篠宮家の文仁親王が〈皇太弟即位〉という次第になる（あるいは文仁親王でなく、順位第六の「皇兄弟及びその子」によって悠仁親王に移られる可能性もあり得るが、そうすれば伯父から甥への継承ということになる）。

その場合、少なくとも一一九代光格天皇以降約二百三十年間、〝父子相承《そうしょう》〟で続いてきた皇位は、ここに至って兄（現、皇太子殿下、すなわち次の天皇陛下）から弟（現皇太子の弟の秋篠宮殿下）に継承相及ぶこととなる。これは〝父子相承〟の「直系」から、〝兄弟相及《そうきゅう》〟の「傍系」に移ることを意味する。いわば、皇家の本家が絶えて分家の秋篠家に移るというわけである。

分家・傍系といっても世代親近の御間柄であるから、このような事例は昔から時々見られ（例えば平城《へいぜい》・嵯峨《さが》・淳和《じゅんな》の三天皇の場合等。その際は先帝の「皇太弟」と呼ばれる。しかしこの制度は現行の『皇室典範』にはない）、決して異例ではないが、しかし近代ではその場合、継承する御方は、先ず先帝の「養子」として一旦「皇嗣」に立てられ、その後に「践祚《せんそ》」「即位礼」を挙げられるのがふつうで、前述の光格天皇の場合等が、それである。「養子」を「猶《ゆう》子《し》」と呼ぶ場合もあるが、いずれにしても、儀式によって先帝の「子」としての認定のもとに皇位を継がれるのである。なお、上代においては、特別な儀式がなくても、皇太子になられるというそのことが、先帝の「太子」〈男女あり〉すなわち「御子」になられることを意味しており、皇位継承上の相伝が事実上の親子よりも優先していた（詳しくは拙論「中天皇をめぐる諸問題」を参照。『田中卓著作集』第五巻二一〇～六頁に所収）。

　そのような「養子」とする儀式の配慮なしに、「兄弟」や「伯父甥」の関係のままで皇位を継がれる場合には、少なくとも新帝側に「傍系」の意識が強くなり、歴史上、種々の問題が生じてきた。

　この点について参考のため、平泉博士の優れた考察を紹介しておこう。

> 天智天皇は、皇位の継承に就いて、極めて謹慎であらせられた。（中略）乃ちその初め皇極天皇より譲位の思召を伝へられた時より、いよいよ即位し給ふまでの間には、二十三年の歳月が流れてゐるのである。（中略）皇位継承の問題は、天智天皇がその長き御一生を通じて最も苦心し給うた所である。殷に於いては、兄弟相及ぶ例が多いが、我が国に於

いても、履中・反正・允恭の三天皇、安康、雄略の二天皇、安閑・宣化・欽明の三天皇その他、兄弟にして御位をつがれた例が甚だ多い。それが結局紛糾のもとゝなるのであつて、之を解決するには父子相承の法を確立すべきである事は、聡明なる天皇の必ずや看破された所であるに相違ない。しかも従来の慣例と当時の勢力関係は容易に打破しがたく、やむを得ず大海人皇子を東宮に立てられたが、その辞退せらるゝに及んで、結局大友皇子に御位を譲らうとし給ひ、おそらくは同時に父子相承の法をたてて之を常《つね》の典《のり》とせよと宣言し給うたのであらう。（中略）もし壬申の変なくば、皇位継承問題の紛糾は、是に於いて解決せらるべきであつただらう。（『寒林史筆』昭和三十九年七月、立花書房発行、六一〜三頁。初出、「神道史研究」八ノ六、昭和三十五年十一月発行）

このように考えてくると、現下の皇位継承の根底には、側室制は論外としても、養子制、女系天皇制等を併せ考えなければならないのに、現行法典でそれらがすべて認められない以上、容易に解消しがたい重大な難問がある。この中で、現状から考えて女性宮家を認めるために、養子制だけは急ぐ必要があるが、その他は必ずしも平成の御代だけで早急に結論を出す必要はなく、慎重を期して、いつの日か現皇太子殿下が即位され、次の御代を迎えた暁に、皇室会議をはじめ宮内庁、有識者会議等の審議を十分に尽くして、最後は御聖断を以て決められるべき課題であろう。

［補注］第六節の末尾に述べた「女性宮家」は、その後、平成二十五年に、安倍内閣によって「白紙」にかえされ、「養子制」についても何ら『皇室典範』改正の準備も見られない。したがって「次の御代を迎えた暁に」、たちまち問題となるのは、「次の皇太子」の選定であろう。以下の本著の内容は、それを踏まえての対応であることを断っておく。

第五章　女系天皇公認の歴史的正当性

——『皇室典範』よりはるかに重い天照大神の『神勅』に還ろう

桜の花も泪ぐむ皇家の御苦悩

毎年、春を迎えると思い起こす詩句がある。「年々歳々、花相似《あい》たり。歳々年々、人同じからず」。唐の文人、劉希夷《りゆうきい》の作だ。東日本大震災（平成二十三年三月十一日）以後は、毎年、その感慨が切実である。しかし今年（平成二十四年）は、さらに皇家の御苦悩を拝察して、日本幕末の愛国・尊皇の歌人佐久良《さくら》東雄《あずまお》の、より深刻な歌を回想せざるを得ない（原、万葉仮名）。

大皇《おおきみ》の物《もの》を御念《おもほ》す　この春は　桜の花も泪《なみだ》ぐみてあり

時は安政五年（一八五八年）の春。アメリカ駐日総領事のハリスが、日米修好通商条約の締結を強要したのに対し、国論は分裂し、軟弱な幕府は朝廷に勅許《ちょくきょ》（天皇の許可）を求めたが、不許可となったのが、二月のことである。歌はその頃の作であろう。

当時の孝明天皇は、日夜宸襟《しんきん》（天皇の心）を悩まされ、国家と国民の泰平無事を祈って、桜見どころではない。その大御心を拝察した東雄の眼には、美しい桜の花も泪ぐんでいると見えたのであろう。

今年も拙稿が掲載される頃には、各地の〝桜だより〟が報ぜられていることと思われるが、天皇陛下の大御心は、百五十余年前と同じであろう。災害の復興をはじめとして世界と日本の平和を祈られているにちがいない。しかしそれだけではなく、さらに二千年に及ぶ〝皇統の継承〟について、格別の御憂慮を遊ばされていることは、マスコミその他を通じて、宮内庁関係者からもれ承るところである。それには御もっともな理由があると申してよい。

当面の危機は脱したが、このままで皇統永続は大丈夫か

なぜなら『皇室典範』には「皇位は、皇統に属する男系の男子が、これを継承する」（第一条。『皇室典範』文中の傍点は引用者、以下同じ）とあるのに対し、平成十八年以前当時の皇室内廷の実情では、後嗣は、女性の愛子内親王以外におられず、このままならば、『皇室典範』の規定によって、自動的に皇位継承が〝断絶〟してしまうという深刻な危機が迫っていたのである。今上陛下をはじめ小泉純一郎首相、有識者会議の苦心はこの点にあった。

しかし、その後、秋篠宮家に悠仁《ひさひと》親王が、皇族では実に四十一年ぶりの男子として御誕生（平成十八年九月六日）になり、〝男系男子〟の皇統は、一応、その後二世・三代（皇太子殿下・秋篠宮文仁《ふみひと》殿下・悠仁殿下）にわたって継承されるという見通しがついた。

しかし、近年でも、お元気なスポーツの宮様が、にわかに薨ぜられた実例もある。平成十三年の大災害ではないが、〝想定外〟というような楽観は、お互いに慎《つつし》まねばならない。しかも、皇室の危機は、別の方面から意外な形で到来した。現行『皇室典範』のままでは、遠くない将来、宮家が全部なくなり、皇統が孤立する恐れが考えられてきたのである。

皇族宮家の現状と将来

前述のように、皇位継承の直接の危惧《きぐ》は、ひとまず回避せられたものの、平成二十三年十月二十三日、秋篠宮家の長女の内親王（以下、必要のない限り、御実名はなるべく御遠慮して、明記を避けたので御諒承せられたい）が満二十歳の成人の日を迎えられた。

この報道がされてから、女性皇族の御立場が　にわかにマスコミ等の注意を引くことになった。それは『皇室典範』に、「皇族女子は、天皇及び皇族以外の者と婚姻したときは、皇族の身分を離れる」（第十二条）とあるからである。

現在の皇室には、天皇陛下を除いて男性皇族は六人おられるが、そのうち直宮《じきみや》の皇太子・秋篠宮両殿下と悠仁親王殿下の三名を除く三人は、すべて六十歳以上の高齢で、その上に二人は既婚者であられる。それに対し、未婚の女性皇族は八人おられ、うち六人はすでに成人で、結婚適齢期に達せられている。この男女年齢構成から見て、皇族女子が皇族男子と都合よく婚姻がまとまり、「皇族身分を離れる」ことがないような御慶事が、可能かどうか、申すまでもないことである。

そしてさらに『皇室典範』には「天皇及び皇族は、養子をすることができない」(第九条)とあるのだから、結局、皇族女子は結婚に際して、論理的には「皇族の身分を離れ」て、民間人となられる他はない。もっとも、独身を通されたら、御生涯「皇族」だが、それも一代限りで終わることになる。

いや、実をいえば、現在、世間ではあまり気づかれていないが、秋篠宮家におかれても、悠仁殿下が皇統に移られる日がくると、残るお子様は女王殿下お二人であるから、現状のままであれば、秋篠宮家そのものが、早晩なくなってしまうことになるのである。

つまり、悠仁天皇の御代には、皇族の宮家は、すべてなくなり、天皇の御家族だけが孤立し、その御一家に、もし「男子」がお生まれにならなければ、これで日本の皇統は、完全に断絶することになるわけである。

野田内閣の「女性宮家」創設についての提案と男系固執派の反対

そこで、今後の〝皇統継承〟の安定のため、宮内庁筋の現状報告をうけた野田内閣は、さすがに〝緊急性の高い課題〟として、「女帝・女系」の皇位継承論とは切り離して、取り敢えず「女性宮家」の創設に着手しようとした。それに対して、たちまち異論を展開したのは、〝男系固執派〟の人々である。

たとえば、安倍晋三氏によれば、女性宮家創設案は、俗耳に入りやすい提案だが、将来、もし天皇に直系男子が生まれない場合、（女性）宮家から、代わって皇位継承者を出すことになる可能性が大きい。つまり、「女性宮家を認めることは、これまで百二十五代続いてきた皇位継承の伝統を根底から覆しかねない」というのである。ここでいう「皇位継承の伝統」とは〝男系男子〟を指すことであるのは、いうまでもない（『文藝春秋』平成二十四年二月号）。

時を同じくして、竹田恒泰氏に至っては「女性宮家は日本を滅ぼす」と、男系固執の立場から過激な表題をつけ、「万策尽きるまで女系天皇や女性宮家などは検討の俎上に載せるべきでない」と呼号する（『Ｖｏｉｃｅ』平成二十四年二月号）。さらに尻馬に乗った形の産経新聞は社説として、「首相の『男系堅持』を貫け」（平成二十四年二月十二日付）と主張する。

男系固執派の本音は旧皇族復活の条件論争

しかし、皇族宮家消滅という現実の前に、男系固執のグループの中でも、最近は、「女性宮家」の創設そのものに、消極的であるにもせよ、結局は同意せざるを得ない、という立場にある者が少なくないのである。

ただし、彼等の「女性宮家」容認の場合、女性が迎えるお相手の配偶者（ここでは一般の場合にいう「女婿《じょせい》〈むすめむこ〉」と仮称する。以下、この称を用いる）は、現在の皇族をベストとするが、それが現実に不可能なことは前述の通りだから、代わりの**第一案**としては、必ず「旧皇族」の流れを汲む御方に限ることを主張し、そのため現在は民間でも、かつての皇族から臣籍降下された御方の中から女婿を撰び、それ以外の民間人は排除するという。

第二案は、〈昭和二十二年十月十四日〉に占領政策の被害をうけて臣籍降下させられた十一宮家――特に、明治天皇の皇女が嫁《か》しておられる四宮家を念頭に――その中から皇族に復帰していただくことにせよ、との条件をつける。いわば、条件付同意である。しかしこれらは、今のままなら無理な理由を次に述べよう。

第一案については、明治四十年の『皇室典範増補』に「皇族ノ臣籍ニ入リタル者ハ皇族ニ復スルコトヲ得ズ」（第六条）とあり、現『皇室典範』でも同趣旨を採って、「皇族以外の者及びその子孫は、（中略）皇族となることがない」（第十五条）とあり、この「皇族以外の者」とは〝臣籍の者〟を意味しているからである。

昔の大宝・養老令にも、「皇親」(ほぼ現在の「皇族」に等しい)は、四世ないし五世で臣籍に降下する定めになっていた。史上でも、宇多天皇の二年七か月と、これに関連した皇子以外、臣籍に降下した皇族が再び復帰した例はない。これは、もし「永世皇族」や〝臣籍から皇族への復帰〟を認めると、数えきれないほどの大勢のいわゆる「皇別」(『新撰姓氏録』の用語)氏族が、容易に皇位につくことが可能となり、皇位継承の順が決めがたく、同時に〝君臣の別〟が曖昧になるからである。

第二案については、占領政策のため臣籍に降下された十一宮家はもちろんお気の毒であるが、ポツダム宣言を受諾して降伏した当時の日本は、天皇陛下御自らの御身の上も定かでなく、占領軍による皇室財産凍結、その他の制約もあり、多くの戸主が軍籍にあった皇族方も臣籍降下どころか、もっと苛酷な運命があるかも知れず、国民も、軍人はもとより、一般人も、公職追放・教職追放など、非情な境遇にさらされていたのである。皇族の方々が、最も案ぜられたのは、何よりも陛下の御身の上で、そのために皇室の御負担を出来るだけ軽くするため、臣籍降下をむしろ進んで申し出られた方々があったということである。

それのみならず**大正九年**(一九二〇年)五月十五日に、枢密院の建議により大正天皇御自ら裁可《さいか》された「**皇族ノ降下ニ関スル施行準則**」を拝見すると、当時、宮家が増えすぎて、財政上の問題もあり、十一宮家についても、共通の祖先に当たる伏見宮家（吉野時代〈北朝〉の崇光《すこう》天皇の子の榮仁《よしひと》親王を初代とする）の第十六世にあたる邦家《くにいえ》親王（一八〇二・享和二年〜一八七二・明治五年）を特別に〝四世親王〟とみなして規準とし、その子孫を皇室典範にいう「王」になぞらえてその子を五世王相当に充て、子孫の長男系統の八世王相当までを皇族とし、それ以外は皇族を離脱される方針が示されていた。

そのため、占領政策の問題がなくても、この大正九年の「準則」が存続していた場合、当時の直宮《じきみや》（秩父宮《ちちぶのみや》・高松宮《たかまつのみや》・三笠宮）以外の傍系宮家は、長男以外、成人に達すれば次々と降下し、八世王相当から全員が民間に降下しなければならないことになっていたのである。

したがって、占領政策とは直接の関係なく、大正九年の「準則」により、生誕されたその時点で、すでに民間人であられたお方もある。もっとも「準則」はすでに失効しているので、これ以上一々を明示する必要もないが、占領政策を理由に皇族復帰で話題になることの多い竹田恒泰氏についてだけ申せば、この人の曾祖父が、明治天皇の内親王が嫁がれた恒久《つねひさ》王であり、――したがって明治天皇から申せば女系となる――恒久王の孫の竹田恒和《つねかず》氏は八世王相当（昭和二十二年十一月一日生まれなので、臣籍降下の〈昭和二十二年十月十四日〉以降となる）であるが、恒久王の子の恒徳《つねよし》王の三男であるため、生誕時すでに長男系の公式の「王」ではない。恒泰氏は、さらにその長男（昭和五十年生まれ）であるから、お父上の代からの完全な民間人ということになるのである。念のため、略系を示せば〈恒久王——恒徳王——竹田恒和——恒泰氏〉となる。

緊急課題として女性宮家賛成、ただし本質的解決には遠い

このように見てくると、皇統維持のため、その基礎となり藩屏《はんぺい》ともなる皇族を安定させるため、〝緊急の課題〟として「女性宮家」の創設が必要なことは、大方の理解を得るであろう。したがって、皇位継承問題と切りはなしてでも女性宮家の是非を早急に決定することに私は賛成する。

しかし、女性宮家が創設されても、従来、わが国の宮家自体が、皇家と同様に、不安定な継承を続けてきたという歴史的事実がある。戦後でも、秩父宮家・高松宮家は断絶した。それ以前の、いわゆる世襲親王四家（伏見宮・有栖川宮・閑院宮・桂宮）についても、かつて私が、大平和典氏の協力を得て表示しておいたように（本書六八頁参照）、継承の実態は、四家を合わせて、正室の子が継承したのが十五例、それ以外の場合が三十六例あって、その内、正室以外の側室の子が二十一例もあったのだから、側室の果たした役割がいかに大きかったかを知らねばならない（詳しくは拙著『祖国再建』下、二七〇～二七一頁。青々企画発行）。

ところで、今後に予想される女性宮家の場合では、もちろん一妻一夫で側室などはあり得な

いわけであるから、この歴史の前例に倣《なら》えば、〝男系男子のみの継承〟にこだわっておれば、女性宮家も早晩断絶することは明らかである。したがって女性宮家が創設されれば、それで万事解決するかのような誤解があるといけないので、私は、目下〝緊急の課題〟として、女性宮家によって未婚の皇族女性の将来の展望と、皇家の基盤をより安定せしめるための一助となることを念じつつ、歴史の実態を示そうとしているのである。

端的にいおう。男系男子での継承に固執する一部論者に対して、真正面からその過誤を指摘し、日本国体の護持に努めたいのである。

〝男系男子〟がなぜ〝日本の誇り〟なのか？

まず、私の疑問は、皇統の継承で、なぜ〝男系男子〟が〝日本の誇り〟なのか、という理由が判らない。現に、男系男子固執論者も、それで歴代天皇が継承されてきたという〝事実〟こそが〝伝統〟であり、〝誇り〟だというだけで、それ以上の論拠を明確に示した人を私は知らない。無理もない、〝男系男子〟説は、もともとシナの古代家族制で、その風習を、日本側で上代から受容し、それが長く続いたということにすぎないのである。

東洋史学の常識では、殷の時代の後期には〝一妻多夫〟の現実があったらしく、甲骨《こうこつ》文字に「多夫《たふ》」の一片が遺されている。ちなみに、チベットでは現在でも一妻多夫の生活があること、産経新聞（平成二十二年四月二日付）の取材記事に詳しい。それが、周の時代には、儒教とともに〝男尊女卑〟の傾向が見られ、〝子孫維持〟の目的が底流となって、正確には「一夫一妻多妾《たしょう》」や、「同姓不婚」「異姓不養」「民不祀非族」「父子一気」等を特色とするシナ独特の宗族制が成立するのである。

日本の古代でも、初めは祭政一致で、「祭事」も「政事」もともに「マツリゴト」と訓《よ》むが、その頃は〝女性優位〟であったようである。なぜなら、女性の方が神に近いとされ、〝祭祀〟そのものをつかさどっていたことが多いからである。日本の皇室とは直接関係はないが、北九州の邪馬台国《やまたいこく》の女王「卑弥呼《ひみこ》」のごときはその実例であろう。またその宗女《そうじょ》「壹與《いよ》」との関係は、明らかに「女系相続」制の名残りを示しているようである。

皇室の原郷である九州方面では、古く〝女性首長〟が存在していたことが、『日本書紀』の景行《けいこう》天皇西征の条に散見される。もちろん、首長に男性のいたことも多いが、「アソツ彦・アソツ媛」のように、〝ヒコ・ヒメ制〟の例も少なくない。つまり男・女の共同統治が行われており、子供は父と母の間に生まれるという意識が強く、男女の優劣をシナのように強調しない。

教育勅語にも「夫婦相和《あいわ》シ」とあるが、「夫婦」を日本語で一般に「メヲト」と訓むのは、「女《め》・男《をとこ》」のことであり、父母を「母父《おもちち》」と訓ませた例が万葉集に見える。〈女・母〉を〈男・父〉よりも上位において呼んだ事例である。

日本では、明治以前に「直系」は重視されたが、「男系」「女系」などの用語自体、ほとんど管見に入らない。しかしもし同様な「――系」という表現を用いるとするならば、私は「メヌト系」とでも名付けたい。

そのような日本に、おそらく三、四世紀頃、朝鮮半島を経由して新文化のシナ宗族制が導入され、それが大宝以降の律令制度の中に採用されて、法的に固定化した。**天皇の側室制**もこの時に公認化されたのである。

しかし、その律令制の中でも、日本はシナと異なり、「女帝」が認められ、〝女子の口分田〟が支給されていた。さらにその後、長く続いた武家時代の中で、男子（武士）中心の世の中となり、いわゆる男子優勢社会になった、と見てよい。

それは確かに〝社会風習〟や〝生活習慣〟ではあるが、決して〝日本の伝統〟として自他ともに誇るに足るものではない。〝男系男子継承〟は、〝一夫多妻制〟がなければ絶対に永続するものでないことは、高森明勅氏の指摘以来、学界の常識だ。しかも、かような一夫多妻制は、現在の日本の正常な国民生活では否定されていることはいうまでもない。

〝日本の誇り〟は〝万葉一統〟の国体にあり

それでは、日本の〝誇り〟は何か。

約二千年の昔、神武天皇によって建国されて以来、一系の皇室によって統治され、他系の権力者や外国の侵略者によって帝位を略奪されたことが一例もないという、世界にも類を見ない歴史の事実である。外国人が感嘆するのはこの点である。しかも、そのような一統の君主による二千年の歴史が生まれた根本の要因は、統治者である歴代天皇の御聖徳はもとより、忠臣・義士《ぎし》の献身的貢献、国民の父祖伝来の尊皇心など、君民一体の働きによる。それこそが、日本国体の精華なのであった。

この点を、かつて吉田松陰は、「士規七則《しきしちそく》」において、次のように説いている（原漢文）。

「およそ皇国に生れては、宜《よろ》しく我が宇内《うだい》に尊き所以を知るべし。蓋《けだ》し皇朝は万葉一統にして、邦国の士夫《しふ》、世々《よよ》禄位《ろくい》を襲《つ》ぎ、人君《じんくん》は民を養いて、以って祖業を続ぎたもう。臣民《しんみん》は君《きみ》に忠にして、以って父の志を継ぐ。君臣一体、忠孝一致、たゞ吾が国を然りとなすのみ」

見られるがよい、日本の宇内（世界）に誇る所以は「皇朝の**万葉一統**」にありとするが、どこにも〝男系男子〟などは記されていない。「万葉」は「万世」、「一統」は「一系」に等しいが、「一統」は皇家を中核とする同族・総体を含め、帯のようなゆたかな幅がある。「一系」よりも「一統」の方が、日本の歴史の実情に適している。

昭和天皇の英断によって廃止された側室制

明治時代までは、皇室における側室制は別に異常ではなかった。むしろ明治の『皇室典範』には「皇庶子孫」が公認（第四条）されていた。そのような世情の中で、『皇室典範』の第一条「大日本国皇位ハ祖宗《そそう》ノ皇統ニシテ男系ノ男子之ヲ継承ス」が定められたのであった。新文明を受容する際の時代の苦悩といえよう。

しかし、それはやがて昭和天皇によって改められる時がきた。正しくは〝女官制改革〟というべきであろう。大正十年九月に欧洲旅行から帰られた皇太子殿下（後の昭和天皇）が、イギリスの王侯や貴族の生活に学んで、宮中の女官の通勤制を強く主張され、昭和初期にそれを導入された。それによって従来の〝お局《つぼね》制度〟が廃止されたわけである。

これは一千年以上の風習の変革であり、昭和天皇の大英断と申し上げてよい。その前後のお子様の御生誕も、内親王ばかり四人も続いたので、皇室はもとより、国民の心配も深刻であったが、昭和八年十二月二十三日に、男子の継宮明仁親王《つぐのみやあきひと》（今上陛下）がお生まれになって、『皇室典範』改正案は沙汰やみとなった。

本当はこの当時に、〝側室制の廃止〟と〝男系世襲というシナ伝来の慣習〟との矛盾を解決しておくべきであったのに、〝待望の男子御生誕〟という大慶祝の蔭に消え去ったことは惜しまれる。現在も同様な失敗を繰り返してはならないというのが、〝万一〟を案ずる私どもの悲願である。

皇位継承上、不易の三大原則とその問題点

小堀桂一郎氏は、男系固執派の論客として著名である。この人が産経新聞の「正論」欄に「皇室の御安泰を真剣に考える秋」（平成二十四年正月二十六日）を発表した中に、「肇国以来厳修されてきた我が国の皇位継承上不易の三大原則」として次の三か条を示している。

〈一〉皇祚を践《ふ》むは皇胤に限る。
〈二〉皇祚を践むは男系に限る。
〈三〉皇祚は一系にして分裂すべからず。

これは伊藤博文の『皇室典範義解』の文中（岩波文庫の『憲法義解』一二九頁）にあり、『皇室典範』第一条の「意義を約説」した文章である。

この「約説」の中で注目すべきは、〈一〉の「皇胤」、〈二〉の「男系」、〈三〉の「一系」の、ことさらな強調である。

そして、その中の〈一〉の「皇胤」については、『皇室典範』の原文では「皇胤」ではなく、「祖宗ノ皇統ニシテ」とある点が重要である。すなわち、この文脈までは、「男・女」の別は示されておらず、「祖宗ノ皇統」という大原則だけである。

ところが、「後胤」という用語を用いると、この「胤」を〝タネ〟と解し、男性の〝精子〟の意味に説く男系派評論家がいる、渡部昇一氏である。この人によると、「皇胤」は男系天皇の「タネ」で、女性は「畑」に相当し、要するに、畑は異なっても種子が同じであれば、同じ作物が出来るので、側室でも〝タネ〟は同じだから、天皇の〝男系〟になるという説である。驚くべき下品な表現であるが、この譬《たとえ》には実は出典（タネ?）があって、『訓俗遺規巻三魏叔子日録』に見える（滋賀秀三氏著『中国家族法の原理』三六頁に引用あり。昭和四十二年三月、創文社発行）。もちろん、シナの話である。

このようなシナの家族法を受容した日本の皇統の〝男系男子〟を説明するために、渡部氏は「後胤」の〝胤〟を巧みに利用して〝タネ〟を〝ネタ〟として男系を強調するのである。

しかし権威ある『大漢和辞典』（大修館書店刊）によると、「胤」は、①「つぐ」が元来の意味であり、『説文』に「子孫相承続也。」とある。その点より、②「よつぎ」の意となり、③「たね」、「血すじ」、「すえ」、などの意味にも解せられる。したがって「皇胤」は、「天子の子孫」すなわち「皇裔」と同じ意味で、本来、男女の区別自体は問題とならない。

現に伊藤博文も、〈一〉では「皇胤」を〝皇裔《こうえい》〟の意味で使用しており、これは『皇室典範』の「祖宗ノ皇統」の「約説」に他ならない。それ故に〈二〉で、わざわざ「男系に限る」と述べているのである。「胤」がもともと男子の精子の意味の「タネ」なら、同義の「男系に限る」と繰り返す必要はないではないか。

むしろ、この「約説」で注目されるのは〈三〉の「一系にして分裂すべからず」である。これは『皇室典範』第一条の「継承ス」を約説した部分であるが、「一系」は『大日本帝国憲法』第一条の「万世一系ノ天皇」の「一系」をうけており、『皇室典範』には見えない。それにもかかわらず、博文が「一系」の語を用い、その続きに、わざわざ「分裂すべからず」と解説しているのは何を意味するのか。

この「分裂」とは、他からの圧力によるのでなく、皇統内部での分離を指すこと明らかであるから、端的にいえば「傍系」に移ることは出来るだけ避けよ、ということであろう。これは重要な指摘である。

男系固執派の重鎮・小堀桂一郎氏の変説

日本の歴史を顧みれば、皇位が〝兄弟相及ぶ〟時に、皇統が「分裂」し、乱が起きる場合が多い。周知の例で申せば〝壬申の乱〟や〝南北朝の対立〟である。このことは、「直系継承」

の重要さを示しており、現下の**皇太子殿下以降の皇位継承を考える場合でも、参考とすべき大原則**ではなかろうか。

ところが、チャンネル桜の「女性宮家創設論に隠されたもの」（平成二十三年十二月二十四日放映）の中での小堀氏は、問題の〈三〉を「決して他の血筋を入れてはいけないよと、つまり、神武天皇の血筋を引いた方でなければ、皇位に就くことはできないよという、そういう原則なんですね」と発言しているが、これは苦しまぎれの解釈で、的を射ていない。小堀氏のいう「神武天皇の血筋」云々は、すでに「約説」〈一〉の「皇胤に限る」の中に含まれており、〈二〉〈三〉はそれを踏まえた上での「原則」であるから、意味重複では役に立たない。ここは〝神武天皇以来の皇統〟を大前提として、その「皇統」が将来「分裂すべからず」と述べているのである。

さらにこの機会に、既述の産経新聞「正論」欄の小堀氏の見解には、「男系論者」としての〝変説〟の論理が明示されているので、この点についても言及しておこう。

同紙の五段目に「誤解を招かない様に付記しておく」とわざわざ断って、次のように述べられている。

皇位継承の安定にも寄与し得る形での女性宮家の創立といふこともちろん可能である。それは右に記した如《ごと》く、今後、結婚される女王様方の御配偶が、血統の上で皇統につながつてをり、かつ、それが、なるべく近い過去に於いて、そのつながりが証示できる様な方であれば、その御当人ではなくとも、その次の世代の男子（母方の血筋からしても、皇室の血を引いておられることが明らかなのであるから）が、皇位継承権を保有されることは、系譜の論理から言って道理に適《かな》ったものになる。

例によって晦渋《かいじゅう》だが、簡単にいえば、次の通りである。

女性宮家が可能な条件（の［A］［B］は私の仮称）、

①配偶の御方［A］が、血統の上で皇統につながっているか、近い過去にそうであったことが証明できること。

②その場合は、［A］の「次の世代の男子［B］」は「皇位継承権を保有される」。

③なぜなら、「母方」(女王の母方）が「皇室の血を引いておられる」のだから、「系譜の論理から言つて道理に適《かな》ったものになる」。

これは驚いた。私どもは既述のように、皇室に側室のおかれない現在、①の可能性がほとんどないことを歴史的に論証し、女系でも最初は天皇の血を引いておられるのであるから、男系と何ら差別することはないと、〝女性・女系天皇公認〟に賛成したのに対し、男系論者は猛反対してきたのであった。

ところがこの小堀説では、〝女王の母方が皇室の血を引いておられる〟のだから、女王と配偶者［A］の間に生まれた男子［B］は、「皇位継承権」があり、「系譜の論理から言って道理に適《かな》」うというのであれば、これは明らかに〝女系〟承認の主張ではないか（小堀氏は、①を前提としているのだと、弁解されようが、その可能性は少しも論じられていない。少なくとも③の立論の基礎は、女系承認である）。

男系固執派の重鎮、小堀氏は、今や「母方の血筋」をも父系と同様に重視し、それを、女性宮家の可能性の一根拠としているのである。これは明らかに〝変説の兆し〟という他あるまい。

『皇室典範』は改変されても『天照大神の神勅』は不動

明治の『皇室典範』が、近代日本の〝天皇中心の国体護持〟のため果たした貢献は、極めて重要であり、当時の関係者の労苦は察するに余りある。

しかし、何分にも皇室制度近代化のために行われた〝千年改革〟であったから、行きすぎや、不十分な点のあるのはやむを得ない。そのため、漸次改正や増補をしてゆくのは当然で、『皇室典範増補』の形式で、明治四十年二月十一日には八条、大正七年十一月十八日には一条が追加され、既述の『皇族ノ降下ニ関スル施行準則』（大正九年）も、同様である。つまり『典範』にはもともと改正規定が無いため、『増補』や『準則』の形で改訂したのである。〝皇庶子孫〟

の存在も、昭和天皇の〝側室廃止〟によって、いつの間にか自然に、『典範』の中から消え去ったではないか。

このように、『皇室典範』は、重要ではあるが、不磨《ふま》の大典というわけではない。戦後は一法律となり、そのために今回の改正問題も発生している。

これに対して、日本の国体にとって、不朽・不滅の鉄則は、天照大神の〝天壌無窮の『神勅』〟である。

「葦原の千五百秋《ちいほあき》の瑞穂の国は、是《これ》、吾が子孫《うみのこ》の王《きみ》たるべき地《くに》なり。爾皇孫《いましすめみま》、就《ゆ》きて治《し》らせ。行矣《さきくませ》。宝祚《あまつひつぎ》の隆《さか》えまさむこと、当《まさ》に天壌《あめつち》と与《とも》に窮《きわま》り無かるべし」

これは、『日本書紀』神代巻の〝天孫（ニニギの尊）降臨〟の条の一書に漢文で書かれていて、それを書き下しで示したものである。

しかしこの『神勅』は、現在の学校では教えないため、戦後教育だけの人々は何もご存知ないかも知れないが、戦前では、小学生でも暗唱していた内容であり、日本の国体を論ずる学者も必ず第一に掲げた文章であった。

もっとも、これは神代の話で、しかも当時日本にあり得なかった漢字で書かれているので、現代人は、『神勅』も神話、作り話と考え、歴史学界でも、『神勅』は『日本書紀』の編纂された後世の造作《ぞうさく》と見ているのである。したがって、私が『神勅』を持ち出すと、田中は神話と歴史とを混同した議論をすると、一部論者は批難するが、それは私の研究業績を知らない素人だからである。実は私は、〝神話と歴史の関係〟について早くから数多くの論文を書いており（『田中卓著作集』第一巻「神話と史実」を参照されたい）、『神勅』についてもかつて論文をまとめて『著作集』（第十一巻）に収めている。その中で私は、〝神勅〟が『日本書紀』神代巻の一書として、掲げられるに至った思想の発生年代や意義について、次のごとく述べている。

おそらく天智天皇の御代頃で、それは〝不改の常典〟と表裏一体をなす未来への宣言であつたと思ふ。そしてこのやうな〝天壌無窮の神勅〟を、この時代に堂々と宣言し得たといふことは、つまるところ、建国以来の歴史が実際に皇統連綿として継承せられて来たからであり、〝神勅〟は却つて過去の実績を闡明するものといつてよい。（四七五頁）

天智天皇の御代といえば、七世紀であるが、この御代に蘇我氏の専横《せんおう》があり、その後に「不改《ふかいの》常典《じょうてん》」が渙発《かんぱつ》（国の内外に発布）されたことは有名だが、これと『神勅』とが、表裏一体であったというのが私の学説である（論文「天智天皇の不改常典」については『著作集』第五巻に所収）。もし私説に大過なければ、『神勅』も〝改めまじき常《つね》の典《のり》〟と同様に、万世不動の内容となる。『典範』は時代の変化によって〝改変〟されてよいが、『神勅』は〝不改〟のものである。

皇統の命脈は、『典範』より『神勅』にあり、というべきであろう。

そして『神勅』には、天照大神が「吾が子孫《うみのこ》の王《きみ》たるべき地《くに》」と仰せられているのであって、「子孫」というのは、男子でも女子でも、双方が含められている表現であり、〝男系〟固執とは、まったく関係のないお言葉である。

むしろ、天照大神が〝女神〟であることを思えば、皇統の始まりが〝女系〟であったと申してもよいのである。現に、『皇統譜』(宮内庁書陵部所蔵)には「世系第一」として「天照皇大神」が記され、神武天皇は「皇統第一」ではあるが「世系第六」とあるのである。したがって血統(世系)の上からは天照大神から始まるというのが皇室の所伝であり、これは正しく「女系」と申して差し支えない。

もし『日本書紀』の神代巻が書かれた時代――六・七世紀でもよい――が、〝男系一辺倒〟の世の中であるならば、皇室の初めの大神を――作り話であるとしても――必ずや、〝男神〟と表現したにちがいない。その方が、〝男系〟の時代の始祖説話として、自然であり、合理的であるからである。それをなぜ、ことさらに〝女神〟と書き、その後にスサノヲの尊との御子の男女交換説話まで造作したのか、男系論者には説明が難しいであろう。

しかも、この男女交換説話は複雑で、『古事記』の文中では、スサノヲの尊が天照大神に対して、「我が心清く明きが故に、我が生める子は、手《た》弱女《わやめ》を得つ。此に因りて言へば、おのづから我勝ちぬ」と勝利宣言をされている。つまり女子を生んだので清明心が証明されたというのである。これは『日本書紀』の内容とは逆である。『古事記』の方が『日本書紀』より八年早く成立していることを考えると、女性優位時代の名残りの一面が古事記に示されているのではないか、とさえ思われる（拙稿「神代史より見た天照大神の神格」『続・田中卓著作集』第一巻四八〜四九頁参照）。

私自身は、これは神代巻編纂当時、シナ（隋・唐）の影響で日本では〝男系〟が優位であったけれども、古来の伝承として、もともとは〝女系〟の名残りがあったため、皇祖神天照大神の女体説を否定し得なかったものと解するのである。

いずれにしても、女神・天照大神の「吾が子孫《うみのこ》の王《きみ》たるべき地《くに》なり」という『神勅』には、万世不変の金鉄《きんてつ》の響きがある。『皇室典範』の「皇統に属する男系の男子が継承する」とは、重みの違うことは明らかであろう。

皇室には氏なしの意義

男系固執派の最も問題視し、強く憂慮するのは、女系の場合、その皇婿《こうせい》に当たるお方が、民間（仮に甲氏とする）から撰ばれた場合、その後次第に皇婿の氏が勢力をもって、甲王朝が成立する可能性が大きいという点である。そしてこの場合は、いわば〝易姓革命〟に当たり、二千年の皇統の変革となり、国体の破壊につながるというのである。

しかし、それはまったくの杞憂である。なぜなら、皇室には氏がなく、皇室に入られた方は、その時点で同時に氏（甲氏）が消えるのであるから、甲王朝など、生ずるわけがない。

この点、国史の碩学《せきがく》黒板勝美博士も、『更訂 国史の研究（總説）』（昭和六年八月、岩波書店発行）の中で次のように述べられている。

皇室の絶対であらせられるを示すものは実は氏姓がないといふ事実でも証明せられる。故にもし閥族が起つて、皇室と国民との間に介在すれば、我が国家は衰へて来るのであり、之を打破せんとするのが、また実に国民の精神となつて現はれて居るのである、それが六百年の武家政治の殻を破つて明治維新の大業をなし得るに至つた所以でもある。（四九六頁）

（私注、「姓」についての解釈は、時代により複雑なので、以下は省略し、現代風に「氏」のみに改めて叙述する）

この〝皇室に氏なし〟ということがなぜ重要かというと、日本国家の成立史上で、氏の発生する時期は、いまだ明確ではないが、私は三世紀頃と推定している。それまでは各地方に〝小さなクニ（地域）〟が散在していたであろうが、その場合、域内の各個人には何らかの氏名がついていても、その首長は〝キミ〟（君・公）のみを通称とし、氏はなかった。なくても通用したからである（例えば一つの教室において、教師を呼ぶのに「○○先生」と○○の氏名をつけなくても、「先生」だけで通用するのと同じである。大和のミワ地方で「大神神社」と書いて「オオミワ神社」と訓《よ》むのも同様で、〝大神〟といえば三輪山に鎮座される神に決まっていたからである）。

しかし〝小さなクニ〟が次第に統合されて大規模になると、その〝小さなクニ〟の首長も、氏がないと呼び分けられなくなる。これらの大豪族の氏（出雲氏・物部氏など）は、そのようにして自然に発生、ないし彼等を統一した大首長から賜与されたのである。ところが統一した側の大首長のみは、当然、氏姓がなくともオオキミ（大公・大君）で通る。これがのちの「天皇」であるから、皇室に氏なし、ということになるのである。

これを不思議に思ったのがシナの隋の王、高祖である。隋書の倭国伝によると、開皇二十年（六〇〇年）の条に「倭王あり、姓は阿毎《あめ》、字は多利思比孤《たりしひこ》」と見えるが、これは、日本の神代史に「天《あめ》」という神名が多いので、彼の側で「天《アメ》」（阿毎《あめ》）をシナの「姓」と誤解したのであろう。面白い話ではないか。

それ故、皇室に氏がないということは、わが国で氏の発生する以前から天皇が大首長であったことの証明となり、日本国体の比類なき光輝《こうき》である。

もっとも現代は、いかなる民間人でも、皇室に入ると、皇家同様に氏が消えるといっても、なかなか理解しにくいと思われる。そこで、既述の『皇統譜』で、幕末の数代の天皇の場合の実例を確認してみよう。

「後桃園院《ママ》天皇」の条――「女御　維子」
「光格天皇」の条――「中宮　欣子内親王」
「仁孝天皇」の条――「女御　祺子」
「孝明天皇」の条――「女御　夙子」

とあって、「女御」「中宮」として外から入られたお方の出生の氏は、どこにも書かれていない（女性ばかりだが、男性は従来、例を見ないのでやむを得ない。しかし道理としては男女平等に考えて差し支えあるまい）。

〝天皇に私なし〟とよくいわれるが、この場合は〝皇家に氏なし〟ということなのである。現代風にいえば、個人の戸籍が消えて〝無〟（零）になるのである。それをさらに判りやすくいえば、結婚を男女の〝掛け算〟と見た場合、皇室を零《ゼロ》と考えればよい。女系のお相手がA氏でもB氏でも、氏が消えるというのは、〝十〟でも〝百〟でも、〝零〟を掛ければ皆〝零〟になるのと同じ論理である。皇室という無限の天地、〝無の世界〟に吸いこまれると考えれば、理解しやすいであろう。〝易姓革命〟というが、皇室にはもともと〝氏姓〟がないのだから易《か》えられようがないではないか。

むすび――皇室典範改正の最大要点

さて、この拙稿は予想外の長文となり、『皇室典範』条文の一々についての再検討は、この小論では、尽くし得ないので、最後に私が**改正を要すると考える最も重大な一か条**を示して、一応の〝むすび〟とする。それは「皇室会議」についてである。

現行『典範』の第五章に『皇室会議』が示されているが、私の不可解とするのは、それが何を会議するために設けられているのかという〝目的〟がまったく記されていない点である。そこで私案では、第五章の最初の第二十八条の前に、

□皇族についての重要な公事に関する議題については、天皇の親臨のもと、議員十人で組織する皇室会議において議決する。

の一条を入れることである。後半の「議員十人で組織する」という内容の人選にも議論はあるが、今は、なるべく現行『皇室典範』を生かして、改正を少なくし、詳細は将来に慎重を期

すこととして、今回、特に重要な一点として指摘しておきたいのは「天皇の親臨のもと」の一句を挿入することである。「皇室会議の議により」（第三条・第十一条1・2 第十三条・第十四条2・第十六条2・第十八条・第二十条）あるいは「皇室会議の議を経る」（第十条）として『典範』に明示されているのは、九か所ばかりあるが、それぞれが皇室についての重要な公事であるから、そのことに異存はない。

しかし、その会議内容は所詮、〝皇室についての重要な公事〟を〝目的〟とするのであるから、その家法の制定・改訂の検討会議に、皇族一統の中核であり、皇家の家長である「天皇」が親臨されるのが当然ではあるまいか。

例えば、大学の教授会で、議長は学部長がつとめるとしても、学長の出席を拒否することはあるまい。それと同様に、天皇は日本国憲法によって国事に関する行為や国政に関する権能は存しないし、「皇位の世襲」そのものが「国会の議決した皇室典範の定めるところによる」（日本国憲法第二条）が、これらは「国事」や「国政」に関するものである。

しかし「皇室の重要な公事」については、天皇も御出席されるのが、むしろ〝当然〟であり、除外する方が不自然であろう。

ただし、あくまで主権在民の現憲法下では、議長は内閣総理大臣（『皇室典範』第二十九条）でよく、天皇は議場にあって〝きこしめされる〟だけでよい。昔から天皇は「諒承」のサインとして、公文書に「聞」の一字を自署された、それに倣《なら》うのである。

このことさえできれば、出席者の議決は千金の重みを増す。皇位継承の順も、養子問題も、事情はその時々で多岐にわたるから、その会議で決められればよい。結論については、それこそ〝承詔必謹〟である。私は、この一点こそが『皇室典範』改正の要《かなめ》と信ずる。

第二部

女性皇太子の誕生

第一章　戀闕の友への呼びかけ

山折哲雄氏論文の出現と男系男子論をめぐる経緯

以下の第二部は、初め私のウェブページに発表し、それを更に検討して整理再編した内容である。このページを立ち上げた直接のきっかけは、『新潮45』（平成二十五年三月号・二月十八日発売）の**山折哲雄氏の「皇太子殿下、ご退位なさいませ」という論文**の出現である。

言葉遣いは丁寧だが内容は不遜無礼《ふそんぶれい》、しかも歴史認識を誤る点も少なくない。わが国の歴史でも「廃皇太子」の事例は五例ほどあるが、すべて皇太子殿下ご自身に重大な事故か不祥事があった場合で、それも天皇陛下の御裁決による。臣下が公開の雑誌で、妃殿下の御体調を理由に、皇太子殿下に辞退を勧告するのは、前代未聞の珍事といわねばならない。

これに対して、私はただちに雑誌の編集兼発行者に対して質問状をメールで送り（二月二十日）、その反論も用意しているという返信メールもたしかに受領（二月二十八日）した。しかし、私にとってのそれ以上の対応は、何もできない。以上の次第で、私は、急遽インターネットを利用することとした。危機に対して即応の論陣を張る必要があるからである。

初めに、この十年間足らずの期間における『皇室典範』の「男系男子」論をめぐる経緯を簡単に顧みておこう。

（一）平成十六年（二〇〇四年）の小泉内閣当時には、『皇室典範』第一条に定める皇位継承の「男系の男子」は、皇太子殿下だけで、その他には、皇家（天皇家）の直系にお一人も存在されず、そのため「有識者会議」が開かれ、「女系女子」（直系では愛子内親王殿下お独り）をも容認しようとしたが、その「報告書」提出後に、幸に秋篠宮悠仁《ひさひと》親王殿下がお生まれになり、皇家だけは、「男系男子」の主張が継続された。

しかし、その他の皇族のお子様は、女性のお方ばかりで、しかも結婚適齢期が迫り、このまま皇太子殿下が今上陛下の跡を継がれる頃には、皇族男子は、悠仁親王殿下お独りになられ、しかも悠仁親王殿下が皇家を継承されると、秋篠宮家を含めて宮家そのものが皆無となる、という危機に瀕することが判明した。

（二）そこで、野田内閣当時に、せめて対応の一策として、「女性宮家」の創設が提起され、有識者会議のヒアリング委員十二名の中では、八対四で賛同を得たが、その後の国民公募（パブリック・コメント）では、男系固執派による暗躍が奏効して、同一人による反対票が多く、政府自体が腰砕けとなって、今日に至っている。以上が本書の**第一部**の諸論文の中で述べてきた要点である。

（三）もしこのままならば、悠仁親王殿下に「万一」のことがあれば、これで皇統は一挙に廃絶するわけである。「万一」などというと、男系派は「不敬」と詰《なじ》り、必ず神助《しんじょ》によって、御安泰が続き、その後も男子がお生まれになると断言するが、一体、それを誰が保証するのか。平成二十三年の三・一一天災の場合でも、千年に一度の「想定外」という言い訳で責任逃れをする関係者があった。天災の被害は復興が可能だが、〝男系男子〟の御生誕は、一旦絶えればそれで万事休す、である。しかも従来の御歴代天皇が〝男系男子〟で続いたといわれるが、その約半数は、皇后の〝実子〟でなく、側室による〝庶子〟であられたのだ。

（四）近くは明治天皇も大正天皇も、側室の御生誕だが、「皇后養子」の形をとって、天皇と皇后との間の「実子」とみなされた（これを擬制《ぎせい》という）のである。そしてこの反時代的な側室制は、昭和天皇の御英断によって廃止され、今や一夫一妻の制度が確立している。

（五）これで一妻の皇后に、必ず男子が生まれる可能性を保証出来るといえますか。男系男子固執派諸君よ！　皇族には〝天佑《てんゆう》神助〟があって、必ず男系男子による永続が実現すると断言できますか。

それならば、現皇太子殿下には、逆に〝天佑神助〟が欠けていたといわれるのか。敬神の念の特に厚い皇太子殿下に、そのようなことを想像するだけでも、「不敬」であろう。生誕の男女の別に、〝天佑神助〟などを持ち出すのは非常識というものだ。男女の何れが生まれても、御誕生そのものが、〝天佑神助〟のおかげと感謝すべきではないか。

（六）今こそ、憂国の士の真剣な判断を求めたい。そもそも皇族には、不測の御発病は絶無といえるのか。私の知る限りでも、戦後に、秩父宮家も高松宮家も断絶された。近い頃でも、故高円宮殿下や故三笠宮殿下の御薨去の先例をどう考えられるのか。さらに不慮の事故は、一般の遊覧や旅行中でも起こる。ましてテロやゲリラは、昨今、世界で横行しているのだ。真に皇統の永続を願うものは、この現実を踏まえて、二重三重、いや九重の万全な安泰策・危機管理を心掛け、「想定外」のことにも対策を講ずべきではあるまいか。（平成二十五年三月五日）

第二章「人は望む事を信じる」が、「想定外」の「万一」に備えよ

男系男子による皇位継承の永続は不可能

平成二十五年三月十一日は、東日本大震災の二周年に当たり、天皇・皇后両陛下をはじめ全国民による鎮魂と復興の祈願の日であった。この大震災について反省すべきことは多いが、当日（三月十一日）の毎日新聞の朝刊に、山田孝男編集委員が書いている連載「風知草」の記事が注目された。題して「人は望む事を信じる」という。

この言葉は、カエサル（シーザー）の「ガリア戦記」に書き留められた「およそ人は自分の望みを勝手に信じてしまう」という言葉の簡略化であるが、原子力発電所再起動派と活断層の問題をもじった警句として、まことに意味深長である。よって表題にこの言葉をそのまま借用させていただいた。

私は原発についてはまったく素人で論ずる資格はないけれども、この言葉を皇位継承問題に

当てはめるとまったく同感という他はないからである。

前章既述のように、現状の「一夫一妻制」の結婚生活において、「男系男子」に限る「継承の永続」を「望む」のは、誰が考えても不自然で、不可能なことは疑う余地がない。にもかかわらず、一部の男系固執派は、昔の側室制（一妻多妾）の慣例を下敷にして、従来の「伝統」──実は「生活習慣」にすぎないのに──という理由で、「男系男子」を可能のごとく、一方的に主張する。それは正に「自分の望みを勝手に信じてしまう」適例であるまいか。

私は歴史家として、歴史の真実──側室制──を無視ないし軽視する「信仰」に近い男系固執派の説を憂えるのである。どうか男系男子固執派諸君よ！「自分の望みを勝手に信じてしまう」ことなく、冷静に公正な判断をしていただきたい。（三月十二日）

平成二年（一九九〇年）にあった伊勢神宮の時限爆破事件

戦前、私どもの学生時代には、共産主義者による「天皇制の打倒」というスローガンが秘かに生きていた。そこで敗戦後の被占領統治下では、日本共産党が息をふきかえし、彼等はわが世の春を謳歌したものである。しかしその後、米ソ両国の冷戦が続き、ソ連の崩壊後は、日本共産党も勢いがそがれ、表向き「天皇制の打倒」のスローガンは口にしなくなったから、一般の若い人々はその言葉さえ知らない時代となった。しかし、つい最近まで、その思想を奉ずる

「中核派」は、天皇制の根源である伊勢神宮をも攻撃の対象としていたのである。といえば、近頃、インターネットで他人になりすまして、「伊勢神宮の爆破」を宣言した犯人（誤逮捕）のいたことを思い出し、笑いの種程度に思われるかも知れない。

しかしこれは笑い事ではない。新聞にもほとんど目立った報道記事はなかったから、一般には知られていないが、平成二年（一九九〇年）十二月五日の午後九時台に、伊勢神宮に対して中核派の連中が実際に爆弾攻撃を仕掛けているのである。

ちょうどその頃、私は伊勢にある皇學館大学の学長を三期八年間（昭和五十五年～六十三年）勤めた直後で、大学院教授として在籍していたので、警察からの警戒情報もあり、後任の谷省吾学長とともに学内警備に当たっていた。

そこで結果の情報も承知しているが、この時、時限式爆破物が伊勢市浦口三丁目の墓地に設置され、三発発射された。内一発は伊勢神宮外宮神域内、一発は山田工作所、一発は内宮の忌《いみ》火屋殿《びやでん》の屋根に落下した。

内宮の忌火屋殿とは、内宮御正殿の西御敷地（平成二十五年十月二日に遷宮された場所）のすぐ西側にある板葺《いたぶき》の建物だから、発火の恐れもある危険な状態だった。私が「万一」の危険に備えよ、というのは、このような事態を現実に承知しているからである。（三月十三日）

第三章　評者は自らの立つべき拠り所を明らかにせよ

学者にとって論争とは、武人にとっての戦闘である

このウェブページのきっかけが、平成二十五年の『新潮45』三月号に掲載の山折哲雄氏の皇太子殿下に対する「ご退位なさいませ」という辞任勧告という非常識な巻頭論文に驚いたことによることとは、既述の通りである。

やがて本格的な反応は、平成二十五年四月号の『新潮45』（三月十八日発売）に二篇出た。

［1］は、「『山折論文に反論する』」と銘打った竹田恒泰氏の「皇太子殿下の祈りは本物である」。

［2］は、佐伯啓思氏の連載「反・幸福論」の一篇（第二十八回）としての「『皇太子殿下、ご退位なさいませ』が炙り出したもの」である。

まず［1］の評者は、皇位継承問題で男系男子固執、旧皇族復帰の運動で、五指の中に数え

られる活発な論客。［2］の筆者は京都大学の教授で社会経済学や社会思想史を専攻し、論壇誌でも活躍する有名人である。

私はともに注目して読んだが、期待は裏切られた。寸評で失礼だが、先ず基本的な問題点だけを指摘しておこう。

［1］の**竹田氏の論文**においては、「皇室を論じる作法」から始まって、即位を辞退することは現行法では違法になること、また歴史的に「皇太子を辞めさせた先例」はあるが、自らの意思によって皇太子を辞める例は一例もないこと、さらに皇太子妃殿下のご病状「適応障害」の擁護等を弁じているが、最初の違法論を除くと、何れの論点も竹田氏の専門外の領域の伝聞で、最後に、もと内掌典《ないしょうてん》の高谷朝子《たかやあさこ》氏の証言を借用して「皇太子殿下の祈りは本物だ」として、「皇太子殿下は必ず立派な天皇に」なられるだろうと称賛して、「国民が殿下を見限るようなことは、絶対にあってはならないとわたしは思う」と結んでいる。

これだけを見れば、皇太子殿下のために、懸命に弁護の筆を振るっているように思われるが、肝心の山折氏の論旨そのものについての「反論」は、ほとんど読みとれない。それどころか、山折氏その人に対しては、その論文を「拝読して私自身学ぶ事も多かった。山折先生の皇室に対する分析には共感するところ多く、歴史的な皇室のあり方を踏まえて、皇室の本質を鋭く説いていらっしゃると感じた」と手放しの敬意を表し、最後に「今回は山折先生の論考に対する原稿を寄せたが、私と山折先生で意見が異なる部分があってもむしろ当然である。だからといって私は山折先生への尊敬の念が薄れることはなく、引き続き教えを請うていきたいと思っている」とまで懇願している。

「反論」と銘打つ論文を書きながら、具体的に相手（山折氏）への積極的な批判を明確に展開すること乏しく、ただ皇太子殿下への擁護に終始し、「反論」の相手を繰り返し「先生」呼ばわりして、今後も「尊敬の念」を持続し、「教えを請う」というのであるから、一体この人の立場、すなわち〝立つべき拠り所〟はどこなのか、曖昧模糊《あいまいもこ》としているではないか。

ドイツの偉大な史学者フリードリッヒ・マイネッケが愛用した金言に、ヘラクレートスの「万物は流転す」と、アルキメデスの「我に立つべき拠り所を与えよ」がある。

変転極まりない世界を達観し、歴史を貫く不易《ふえき》の道を探求しようとする者は、一見矛盾する感のあるこの二つの命題に対決し、自ら血路を切り開かなければならない。至難だが、歴史、ことに思想史・皇室史などを学ぶものとして、避けて通ることの出来ない試練である。

ところが竹田氏の論法は、山折氏に対して、どのような立場で対面しているのか不明である。巧言令色は俗世界では通るかも知れないが、学界や論壇ではそれは許されない。自らの拠って立つところの立場を明らかにし、相手の論点を正面から批判するのが「反論」というものだ。

十一年前（平成十四年三月）、皇學館大学の新田均助教授（現在は教授）が『一刀両断』と銘打って山折哲雄氏を含む数人に「先生、もっと勉強しなさい」と副題をつけた単行本を刊行し(国書刊行会)、私に寄贈してくれたことがある。題名が余りにきびしく、先輩に礼を失するから、と、その当時忠告したことがあるが、今回改めて読み返してみると、やはり題名は改める方がよいと思うが、内容は学問的な「反論」として充実しており、新田氏がこのような過激な書名をつけた気持ちは十分に理解できる。

学者の論争は武人の戦闘である。学問は論争によって進歩すると私は信じている。竹田氏がいやしくも「慶應義塾大学講師(憲法学)」を名乗るなら、これくらいの覚悟で、それにふさわしい論陣を張ってもらいたかった。もともと山折氏は、「皇太子殿下の祈り」が不十分だと非難しているわけではないのだから、それを「本物である」と強調してみても的はずれで、何の意味もない。今回の竹田氏の一文は、「山折論文に反論」というより「山折論文」との擦れ違いと評すべきであろう。(三月二十日)

真剣勝負を避ける佐伯啓思氏論文の曖昧な拠点

[2]の佐伯氏の論文は、竹田論文に較べて、優れて学術的である。山折論文に対しても的を射ており、問題点を炙《あぶ》り出している。さすがに京大教授の名に恥じない論理構成といえよう。しかしそれだけに、他から足をすくわれない学者の巧みな計算が働いている。例えば、書き出

しからして、次のように記す。

「私は、皇位継承について格別の意見もなく、また、どうこう発言する気もありません」と、自らの〝無関心〟をよそおう。それなら、何もこのような論文を書かなければよいはずだが、これは明らかに予防線にすぎない。続けて同氏は説く。皇位継承問題は「よほど事情に通じているか、またよほどの考えがなければ、一個人が発言すべきこととも思いません」。まことにその通り、同感である。

ところが、この前提のもとに、佐伯氏は堂々とこの長論文を書くのである。一見すると、皇位継承に格別の意見もない無関心者が、個人的発言をしているわけであるから、自分自身の言葉に矛盾があるように思われるであろう。

しかし佐伯氏の表現は巧妙であって、［イ］自分は皇位継承問題には格別の意見もなく、発言する気もない。［ロ］しかし山折論文は戦後の「皇位継承」ひいては「天皇制」について、のっぴきならない深刻な論点を〝炙り出された〟ので、その問題点を中心に論述しようと、切り出すのだ。

うまいものだ。山折論文をワンクッションとして、佐伯氏は戦後の「国民主権と天皇制の関係」との亀裂を一段と明らかにし、山折氏のいわゆる「近代家族」と「象徴家族」の二重性説をもとりこんで、天皇制の基本構造の特質を以下の三点にまとめてゆく。

①「天皇の位は血統による世襲である」
②「天皇は人であると同時に神格を帯び、『聖性』に関わる」
③「天皇は形式上は政治の主宰者である。しかし自らは政治を行わず、もっぱら祭祀儀礼を執行し、権威を担保する」

そして「その結果、日本の統治システムは、一方で天皇という聖性をおびた『権威』と、他方で実権をもつ政治的な『権力』が分離するとともに、その『権力』の正当性は『権威』によって付与される」というのである。

この論理の運び方は、経済学者というよりは、哲学者か思想史学者のそれで、いかにも理路整然としていて、読者は思わず引きずり込まれる。

しかし、ここには、現実と過去の史実を通貫した歴史的考察が完全に欠落している。一例を挙げれば、上掲②にしても、天皇は「聖性」に関するという点から「祭祀王」とみなし、③のように「自らは政治を行わず」と決めつけているが、これはいつ時代の史実なのか。

もともと日本語の「マツリゴト」は「祭事」と「政事」とを兼ね合わせた言葉で、古代の実体は、両者を一体と理解していた。換言すれば、〝祭政一致〟が本来の姿なのであって、「祭祀王」と「政治の主宰者」の働きは分離されていない。もともと「祭祀王」などという言葉は、敗戦後の一部学者の造語で、本来の日本語ではない。類語を求めれば、『古事記』では「神の朝廷」とも称する伊勢の「斎王」であろうが、これは倭姫命に始まり、天皇の皇女を原則とし、天皇の御指名により大御《おおみ》手《て》代《しろ》（お代わり）として天照大神に奉仕されていたのであり、「天皇」のお働きの一面を代表されるが、「天皇」そのものではない。なお、「斎王」は一般に「いつきのみこ」とお呼びする。

それが崇神天皇の御代（三世紀前半）から、日本国内が皇室を中心に大きく統一されるとともに、政治行政が複雑化し、さらに大陸文化の影響をうけて、祭政分離の傾向が始まるのであるが、それでも祭政共存という基本構造の原則は、後世まで一貫して維持された。それが敗戦後、天皇制度の危機を救うために、「象徴天皇」という前例のない奇妙な名義を生み出しただけのことであって、「祭祀王」と特称するのも、〝象徴〟の用語に誘引された戦後の産物である。

ここで問題は、やはり佐伯氏自身の〝立つべき拠り所〟である。よって、以下の点を敢えてお尋ねしたい。

①現行の憲法（主権在民）をこの国の国民（特に国立大学教員）として承認せざるを得ない立場であることは理解されるとしても、学者の本心に照らして、日本古来の姿（国体）として正しいものと是認せられるのかどうか。

②もし是認されるのならば、今さら「戦後民主主義と天皇制の間の亀裂」など案ずる必要はなく、世の流れのままに現状と妥協し、天皇制の将来など特に問題とする必要はないこととな

る。この観点は、冒頭の〝無関心〟説と通底する感があるように思われる。
③しかし「亀裂」の「修復」を考えられるというのは、やはり本来の「天皇制」の長所を、将来も維持されたい考えなのではないか。
④そのために、「祭祀王」の用語を持ち出されているようであるが、本当にそれを日本天皇の特性と信じておられるのか。
なぜ、このような基本的なことを改めて問うのかというと、賢兄は、以下の言葉で論文を結んでおられるからである。

もしも、この亀裂を修復しようとすれば、われわれは、まともに立憲天皇制というものを考えなければなりません。それは、西欧の立憲君主制と類比できるものですが、まったく異なったものです。『祭祀王』としての天皇をフィクションとして承認するほかないのです。
もちろん、天皇は政治には関わりません。しかし天皇制の維持は、本当は、このようなフィクションを国民が承認できるか否かにかかっているのではないでしょうか。

お判りだろうか。佐伯氏の提案するのは、

立憲天皇制＝立憲祭祀王

に他ならない。しかし、この場合の「祭祀王」としての天皇は、「フィクション」として承認されればよい。いや「本当は、このようなフィクションを国民が承認できるか否かにかかっている」というのである。

「フィクション」とは何か。ふつうに訳せば〝作りごと、虚構〟であり、詳しくは〝架空の、あるいは想像による作り話〟ということである。「祭祀王」の背景には、このようなフィクションが隠されているわけだ。こんなものを、国民が「承認する」と考えられるであろうか。

そしてこの「フィクション」という用語は、実は山折氏自身の得意とする言葉で、平成十七年六月八日、小泉首相官邸での有識者会議のヒアリングでも、興味深い問答がある。一例を示すと、山折氏によれば、皇統の「血統原理」の中の「万世一系なんていう言い方は血統ではありませんけれども、かなりのフィクション性を含んでおります」と放言して、園部逸夫《そのべいつお》氏（政府側委員）を戸惑わせている。

皇統問題を論ずる学者は、重要な概念を説明する場合だけは、カタカナ英語や、近代の語義曖昧な新造用語を使わず、本来の日本語で、正確な議論をしてもらいたい。そして自らの〝立つべき拠り所〟を明らかにし、現行憲法の「主権在民」の原則の是非についての、学者として態度を明示されたい。その足許が定まらないと、興味本意の詰め将棋のようなもので、面白いけれども真剣勝負の論争にはふさわしくない。（三月二十四日）

政治家・西田昌司氏の注目すべき議論

これまで、私は同じ標題で、「山折哲雄氏の皇太子殿下退位勧告論」をめぐる竹田恒泰氏と佐伯啓思氏の論評（何れも『新潮45』に掲載）について、ともに満足し得ない理由を述べてきた。

竹田説は、〝皇太子殿下擁護説〟ではあるが、「反論」と銘打ちながら、山折説に対して反論らしい自説の「反論」が見られないこと。佐伯説は、自説の論理的展開はあるが、要するに山折説の炙り出した戦後の〝国民主権と天皇制〟との亀裂を一段と明白にし、フィクション性の濃厚な「祭祀王」という面を強調して解決を試みようとしただけで、むしろ山折説を踏まえた補強論にすぎない。

結局どちらも期待はずれであることを述べているうちに、朝日新聞（平成二十五年三月二十五日）に、また山折哲雄氏のインタビュー記事が出たので、内容が複雑となったが、要するに、「反論」や「論評」をする者は、何よりも自らの〝立つべき拠り所〟を明瞭にして、相手と渡り合う用意が必要だ、ということを述べたのである。

言葉をかえて、山折問題について、はっきりいえば、評者は、

①「主権在民」の現憲法を本心から是認し、その上に立って自論を展開しているのか。

②現行憲法の「主権在民」に実は反対で、そのため「無効」「廃棄」「改正」の立場でありながら、それを隠して表に出さず、現行憲法の土俵の上で辻褄を合わせながら、何とか合理的な反論や自説を展開しようとしているのであるのか。

この〝立つべき拠り所〟が不明なため、せっかくの論争が空廻りしているのである。

この点で、私は、佐伯氏の論理がシャープであるだけに惜しいと思っていたが、同じ『新潮45』平成二十五年三月号に掲載された、佐伯啓思氏と西田昌司氏との「徹底討論」は注目に値する。題名は「安倍総理の『覚悟』は本物か」である。

もっとも、佐伯氏は昭和二十四年（一九四九年）生まれの経済学者、西田氏は昭和三十三年（一九五八年）生まれの自由民主党の参議院議員であるので、大正十二年（一九二三年）生まれの私とは、世代も異なり、御両人とはまったく面識も文通もない。しかし今回の「討論」を読んで、特に最後の小見出し「『憲法論議』の本質」の二ページ（四三〜四四頁）での、西田氏の発言に頗る共感を覚え、むしろ感嘆した。その一節を引用すると、

①「本来、日本は、憲法を変えられない国柄なんです」

②「変えられない国柄を占領中に変えられたことが最大の問題で、明治憲法への現状復帰以外、

考え方としてはあり得ないのです」

③「現憲法の今、一番決定的な問題は何かといったら、安全保障の問題と、国柄の象徴である皇室の問題です」

④「皇室の話は、これもほんとうは現状復帰ですね。だから、皇室典範を変えて、一旦、臣籍降下された方に戻って頂くのが筋だと思います」

⑤「妙に文言を改正したりして、占領体制の延長線上にある中で改憲すると、この日本国憲法が生きて、明治憲法をほんとうに殺すことになりかねない」

⑥（佐伯氏の）「福田恆存氏……は、一度、明治憲法に戻してすぐにそれを改正する、という。」との発言に答えて、（西田氏）「そうです。だから、それでほんとうの意味での改正をしたらいいんです」

⑦「安倍さんの戦後レジームからの脱却というのは、難しいというか、矛盾を含んでいて、戦後レジームからの脱却の象徴が憲法で、憲法を変えないと戦後レジームから脱却できないと言われるが、逆に精神的に戦後レジームから脱却しないと、ほんとうの意味での憲法破棄、創憲は、できない相談です」

この発言の中で、一部に、私には不適切と思える部分もあるものの、それは西田氏の誤解で、小異に当たり、基本的な考え方——すなわち、一旦明治憲法に復帰し、その上でただちに自主的に改正――という大方針は、まったく同感である。

ただし、この考え方を、佐伯氏は、福田恆存氏の説として紹介しているが、これは早く平泉澄《きよし》博士が、日本自由党の憲法調査会（当時の首相は吉田茂氏だが、憲法調査会の会長は岸信介氏）に招かれて、首相官邸の席上で公表（昭和二十九年六月三十日）されたところであり（拙著『続・田中卓著作集』第五巻八四頁を参照）、さらに私は『占領下に自由があるか――日本国憲法の問題――』と題して、「日本国憲法」そのものが、実は「大日本帝国憲法」の〝違憲〟である趣旨を公表したことがある（雑誌『日本』昭和四十六年八月号）。

憲法改正についての、特に天皇の身位、皇統の継承等については、下文において詳述するつもりであるが、あらかじめ西田氏の誤解を解く意味で問題点を簡単に言及しておくと、

［イ］同氏は①で「日本は憲法を変えられない国柄」といわれるが、それは「不磨《ふま》の大典」の誤解である。先の日本帝国憲法は明治天皇の御指示によって成立したので、「欽定《きんてい》憲法」ともいいならわされてきたが、〝改正できない〟というのではないことは、帝国憲法第七章補則に、「此ノ憲法ノ条項ヲ改正スルノ必要アルトキハ」、として第七十三条に改正規定があり、一方で、改正できない場合として、第七十五条の条文があるから、改正のあり得るべきことを容認していたことは明らかである。したがって西田氏の①の発言は正確でない。

［ロ］西田氏の④の「臣籍降下された方に戻って頂くのが筋」ということも、同氏は〝皇族の

臣籍降下"を、昭和二十二年の占領軍による強制のそれのみを念頭に置いておられるようであるが、これは誤解である。

なぜなら、明治四十年二月十一日の「皇室典範増補」の第六条に、「皇族ノ臣籍ニ入リタル者ハ皇族ニ復スルコトヲ得ス」とあり、大正九年三月十七日の「皇族ノ降下ニ関スル内規」には、具体的な臣籍降下の「施行準則」まで定められている。

したがって占領政策の有無に関係なく、天皇陛下の御裁可があれば、この〝皇族復帰〟は可能であることも、道理である。それゆえ、西田氏が「明治憲法への現状復帰以外、考え方としてはあり得ないのです」と断言するのは、いいすぎだということを指摘しておきたい。

［ハ］ただし、西田氏の⑦にいう安倍さんの〝戦後レジーム〟からの脱却については、保守陣営では、一般に賛同されており、西田氏の批判的発言を不審に思う人があるかも知れないので、この点は西田説を補足して支持しておきたい。

その理由は、安倍氏が盛んに〝レジーム〟などというカタカナ語を使うが、果たして一般人に、その意味が本当に理解されているのか疑わしいからである。

なぜなら、これはもともと有名なフランス革命当時に、打倒の対象となった〝アンシャン・レジーム（旧体制＝王政）〟というフランス語から思いついた用語で、日本の場合には当てはまらない。レジームを「制度」あるいは「政体」という日本語でいえば、その〝矛盾〟が明白となろう。

本当は、〝Y・P（ヤルタ・ポツダム）体制の超克〟というべきなのである。

この点は西田氏を誤解する人のために、弁護として書きそえておく。（三月三十一日）

第四章　朝日新聞のスクープは山折論文の弱点を炙り出す

基本的に間違っている山折哲雄氏の「象徴天皇制」理解

以上の文章の掲載途中で、朝日新聞（平成二十五年三月二十五日付）に「『皇太子退位論』山折哲雄さんに聞く」という四段組の記事が写真入りで大きく掲載され、これは他紙を抜くスクープであるから、緊急にそれを俎上にのぼすこととし、本書所収に際しては、これを［第四章］として掲載したことを断っておく。

山折論文の特異な内容は、すでに周知のことなので繰り返さない。しかしその後、週刊誌等で騒ぎが大きくなったので、同氏は当分の間、メディアの取材には一切応じないことに決めたらしい。現に『週刊現代』（三月九日号）には、以下のようなコメントが記されている（五九頁四段目）。

（論文は）いろいろ慎重に注意を払いつつ、これ以上でもなければこれ以下でもないという、ギリギリのところで書いたつもりです。ですから、そこに談話を重ねることになるインタビュー等は、現時点では控えさせてもらいたいと思います。私があの論文を一番届けたいのは、皇太子さまです。しばらくはその気持ちを守りたいと思います。

ところが、このたび『朝日新聞』の「取材に応じ」て、嬉々《きき》とした表情で発言をしている。『週刊現代』では相手にならないが、天下の『朝日新聞』ならインタビューにも応じましょうということかも知れないが、何れにしても一か月たつかたたない間に「気持ち」が変わるとは、節操のない評論家の姿を炙り出す結果となった。これを証明したのは、『朝日』スクープの第一の功績である。

次に、最初の『新潮45』の論文では、〝皇室の未来のために〟とか〝皇太子殿下御一家のお幸せを願うため〟に、「退位勧告」をするという善意的な文脈が、わずかでも読みとれたが、今回の『朝日』のそれは、「皇室への国民の視線が冷たく非寛容になるのに歩調を合わせ、社会も冷たく非寛容になったようです。皇太子ご一家に象徴される皇室の苦悩が、先を見通せない私たちの不安に重なります」といい、「そんな時代の雰囲気が、天皇家の危機と根っこでつながっている気がします」と、まるで「皇室の苦悩」が「社会の危機」に連動しているかのような疎疎《うとうと》しい発言をし、「総合的な社会・人文科学論として検討を進めるべきだ」と、学者ぶった虚勢を張っている。笑止千万である。しかし、この人物の本心が、ここまで露呈してきたのは、『朝日』スクープの第二の功績である。

なかんずく、『新潮45』論文と『朝日』スクープとの見逃しがたい変化は、後者の「平和な時代には、天皇の宗教的権威と現実の政治的権力との均衡がとれてきた。江戸の二百五十年しかり、戦後の六十八年もそうです」という一節である。

前者では「平和の時代」は「二度あった」として、「平安時代の三百五十年」と「江戸時代の二百五十年」を代表とし、特に平安初期の〝嵯峨天皇〟の御代に「統治の特徴が、宗教的権威と政治的権力の二元的なシステムによって柔軟につくりあげられてきた」と強調しているのが、今回はこの箇所は脱落している。おかしいではないか。この統治システムの創始であるはずの「平安時代」が消えて、新しく「戦後の六十八年」が、二つの「平和の時代」の一つとして、にわかに追加されているのである、なぜか。

それはおそらく、嵯峨天皇についての歴史理解が、基本的に間違っていることを、歴史の専門家に指摘されて変説したのであろう、と私は大胆な憶測をする。なぜなら、嵯峨天皇を「象徴天皇制」の創始、あるいは代表などと見ることは、歴史学的にはまったくの偏見・誤解だからである。

嵯峨天皇は象徴天皇ではない

弘仁九年（八一八年）の疫病大流行に際して、書写された五二代嵯峨天皇の写経は、史上有名なことで、大覚寺にはその御真筆と伝える「般若心経」が保存され、それ以降、宸筆写経の例は伏見《ふしみ》天皇（九二代）・後光厳院《ごこうごん》・後花園《ごはなぞの》天皇（一〇二代）・後柏原《ごかしわばら》天皇（一〇四代）と受けつがれ、後奈良《ごなら》天皇（一〇五代）の奥書などは拙著『教養日本史』（青々企画出版）にも写真つきで紹介している。正親町《おおぎまち》天皇（一〇六代）も先例に倣《なら》われている。しかし九一代の伏見天皇の御代は、すでに鎌倉時代の北条氏執権の世の中で、山折氏の強調する平安時代は遠く過ぎ去っている。

心経写経は、もともと天災や疫病等に際して、その功徳《くどく》を祈念して継承されたものである。それは、何も象徴天皇制という政治のシステムにもとづくものではなく、神武天皇の建国の大方針として『日本書紀』に伝えられているように、「夫れ大人《ひじり》の制《のり》をたてて、義必ず時にしたがう。いやしくも民《おおみたから》に利あらば、何ぞ聖《ひじり》の造《わざ》をさまたげむ」という、御歴代天皇の国民《おおみたから》愛護救済の大御心の発露である。

しかも〝平安時代三百五十年〟というのも、その期間に、平将門《まさかど》の乱もあれば、藤原純友《すみとも》の乱もあり、安和《あんな》の変、平忠常《たいらのただつね》の乱、前九年の役、後三年の役、保元《ほうげん》の乱・平治《へいじ》の乱もあり、保元の乱では、崇徳上皇の讃岐配流《さぬきはいる》の悲劇まであった。決して〝平安無事の時代〟というわけではないのである。

さらに、嵯峨天皇（五二代）については、兄の平城天皇（五一代）のあと皇位につかれたが、父の桓武天皇の新政の精神を受けつがれて、天皇親政を基礎とする律令政治を維持する努力を重ねられたお方である。例えば、多年にわたる懸案の『新撰姓氏録』を完成して、天皇を中心とする諸氏族の秩序を系譜の上で明らかにされた。

一方で、平城天皇の御代には、藤原仲成《ふじわらのなかなり》と妹の薬子《くすこ》の驕暴《きょうぼう》な振る舞いが多かった。あとを嗣いだ弟の嵯峨天皇は、平城上皇の皇子高岳《たかおか》親王を皇太子に立て、前代の施設を改め政治改革に乗り出されようとされたが、それに不満な仲成・薬子等は、平城上皇に働きかけて重祚の計画を進め、それがもとで、天皇と上皇との間の不和が表面化し、結局、天皇は兵力を発動され、武力に敗れた上皇は薙髪《ちはつ》したまい、薬子は自殺、仲成また射殺されるに至った。これがいわゆる仲成・薬子の変である。そのため、皇太子高岳親王は廃せられ、嵯峨天皇の異母弟の大伴親王が皇太弟となられた。後の淳和天皇（五三代）である。

また弘仁《こうにん》五年（八一四年）に、嵯峨天皇は皇子信以下の皇子・皇女に源朝臣《あそみ》の姓を与えて臣籍降下せしめられている。これは令制を大きく変更するものだが、当時の皇室経済窮地の打開策としての御英断であった。いわゆる〝嵯峨源氏〟の誕生である。これらのことを成し遂げられたのは、仲成・薬子の変を平定して政治権力が確立しておられたからであること、いうまでもない。およそ優れた統治者は、文武両面の特質を兼ねそなえられているものだ。

山折氏は、文の宗教的一面だけに注目して、〝嵯峨天皇を象徴天皇の理想像〟のように説くが、それは歴史の実像とかけ離れている。

〝天皇は伝統的に政治を動かす立場にない〟の意味

なお、念のため申しそえるが、現天皇が皇太子時代に、報道機関から、〝天皇の理想のあり方〟について問われ、「伝統的に政治を動かす立場にない」として、「嵯峨天皇以来の『写経の精神』を挙げ」られたことを報じて得意がる記者もあるが、これは〝愚問賢答〟というものである。

なぜなら、現在の〝主権在民〟の占領憲法下で、皇太子殿下のお立場として「政治を動かす立場」の理想などについて答えることなどできるだろうか。いえばたちまち〝憲法違反〟で大問題になるだろう。愚問である。

そこで皇太子殿下は、「天皇は伝統的に政治を動かす立場にない」ということを強調されたが、この「政治を動かす立場」というお言葉が実に賢明である。「動かす」というのは「自ら手を下す」ことを意味するが、わが国の天皇は「自ら手を下す」のでなく、その「手を下す」

（動かす）人物（為政者）すなわち「摂政」「関白」「大臣」「征夷大将軍」等を、銓衡《せんこう》（選考）登用し、実務の執行を依託されている。これが「伝統的」なのだ。「聞こしめす」という言葉がそれを証明する。

しかしもちろん、依託者を銓衡し得ない場合や、依託者が時には反逆する場合もあろう。その時には天皇は「自ら手を下される」場合もある。しかしそれは〝例外的〟である。だから「伝統的には」と断られているのである。まことに「賢答」と申し上げざるを得ない。さらに進んで〝天皇親政〟の意味については拙著『平泉史学の神髄』（『続・田中卓著作集』第五巻所収）の中の「明治天皇の御誓文と宸翰《しんかん》を仰いで」をご覧いただきたい。

また山折氏は、「平和な時代」の代表に〝江戸時代〟を挙げているが、この時代は、外に向かっては「鎖国」、内においては『禁中並公家諸法度《きんちゅうならびにくげしょはっと》』や身分制度その他をもってきびしく統制したから、形式上の平安が保たれたのは当たり前である。しかしその閉塞した社会に反撥した思想が、やがて倒幕・維新の原因となったこと、ご存知の通りである。

このように、高名な宗教学者山折氏の、歴史理解の浅薄さを、炙り出したのが『朝日』スクープの第三の功績である。

戦後六十八年間は「平和な時代」と呼べるのか

ことに今回、「戦後の六十八年間」を新しく「平和な時代」の一つに挙げているのは、あきれる他はない。私どもにとっては、敗戦後のY・P（ヤルタ・ポツダム）体制を超克するために悪戦苦闘を重ねてきたのが、日本の〝戦後〟であり、それが「平和な時代」であるはずはない。〝戦後体制の脱却〟は、今の安倍内閣でも叫ばれていることではないか。かような山折氏の現状認識の不足を鮮明にしたことも、『朝日』スクープの功績であろう。

ただし、ただ一つ、山折発言のプラス点を指摘しておくと、『朝日』スクープに、以下の文章が見られることである。

「二〇〇五年に『皇室典範に関する有識者会議』（小泉内閣当時）で、女性天皇や女系天皇を認める意見を述べた。昨年（平成二十四年）十月に、政府が皇室典範見直しに向けた論点整理を発表したが、議論は前進していない」

この山折氏の〝女系・女性天皇容認論〟は、『新潮45』（三月号）でも少しく言及しているが、重ねて『朝日』でそれを確認していることは、今後の証明として記憶されてよい。これも『朝日』の功績の一つとしておこう。（三月二十八日）

第五章 反論できぬ立場のお方に注文をつけ批判を公開するのは非礼・卑怯の極み

あたかも、耳目は健常だがものを言えない人への面罵のごとし

最近の世相には不愉快な事柄が多いが、特に言論界で、反論の許されない身分のお方に、お為ごかしの態度で、公然と〝皇太子殿下にご退位〟を勧めたり、反対に、その勧告をした評者を論駁《ろんばく》する恰好《かっこう》で、「皇太子殿下の無垢なる魂」と絶賛する表題を掲げながら、内容は論文名とは直接の関係なく、皇太子殿下については、「温和で幼少の頃からご両親にも周囲にも素直だったといわれる」の二十八文字だけで、全文ほとんど雅子妃殿下への批判に集中し、関連して妃殿下のご実家（父君）にまで矛先《ほこさき》を向け、さらには宮内庁の羽毛田長官へも苦情の矢を放つ。何とも、言いたい放題の感がある奇妙な論評が、「巻頭論文」と銘打って有名雑誌に掲載されている。

もっとも日本は、言論も出版も原則としては自由の国であるから、私はこの種の論文そのも

のをことごとく不可とするのではない。しかし批難をうける対象が、皇族や関連公務員であり、個人的に反論したり、抗議をすることが禁ぜられたり、遠慮しなくてはならない立場であることが問題である。そのあたりの事情は、言論人なら百も承知のはずで、あたかも耳目は健常でも、もの言えぬ人を面罵するのと同じで、非情の極みである。

　まして皇族関係者に対してであるから、私は非礼どころか、卑怯なやり方だと思う。反論の許されない皇室関係者に、もし諫言があれば、個人的に宮内庁を介して献言、あるいは伝献すればよく、その筋道を通さず、一般雑誌等に一方的な批判を公開するのは、非常識であろう。

私の三笠宮寛仁殿下への「諫言」事情

　ここまで述べると、必ずや、〝汝《なんじ》も、かつて「寛仁《ともひと》親王殿下へ――歴史学の泰斗からの諫言／女系天皇で問題ありません」と題して、『諸君！』（平成十八年三月号）に書いたではないか〟との反論が予想される。確かに書きました（本書にも掲載、第一部第一章として）。

　しかし、その間の事情は、拙著『祖国再建（下）』に所収の際に詳しく記した通り、この表記は、同誌の編集部による改題で、一見すればお判りだろう。自分で「歴史学の泰斗」と名乗る大馬鹿野郎はおりますまい。私自身の元の表題は、「女系天皇反対論に対する徹底的批判」であった。しかし当時、三笠宮寛仁親王殿下ご自身の〝女系天皇反対〟の御発言が、マスコミ誌上に大々的に公表されて、事態は一刻の猶与も許されない緊急の際であったから、私は編集部の案に従い、『諫言』の語を用い、したがって題名も文章の一部も書き改めて公表したのである（『祖国再建〈下〉』二二六〜二二八頁を参照）。

なお、関連があるので、この機会に言及しておくが、私は昔、〝建国記念の日二月十一日〟の問題で、三笠宮崇仁《たかひと》親王殿下に、文字通り〝諫言〟のため、有志とともに『神武天皇紀元論』と題する書物まで作って献上したことがある。幸いに殿下は御嘉納《かのう》下され、私どもの見解を諒《りょう》とされ、それ以来、問題の御発言は取りやめられ、かえって私は御愛顧いただいて、後年（昭和六十三年七月二十五日）、殿下から『古代エジプトの神々』（日本放送出版協会）を拝受した。「謹呈　崇仁」の御署名つきであり、恐懼《きょうく》するとともに、さすがに学者でいらっしゃると敬服した。ちなみに一言だけ付記しておくが、日本の建国史の研究には、エジプトの古代史が非常に参考になるのである。

また、その御長男に当たる三笠宮寛仁親王殿下に関しても、殿下が信子妃殿下と御結婚になり、昭和五十五年十一月十二日に、伊勢の神宮にお揃いで御結婚御奉告のため御参拝になった際、特に私は、皇學館大学長として拝謁《はいえつ》し、御祝辞を言上するとともに妃殿下に記念の品を献上したことがある。実はこのような、民間から皇族への御祝に関する献上は、法的に制限があり、この当時、宮家からは、金品は辞退する旨が申し渡されていたのであるが、大学側としては、信子妃殿下が、大学の先の総長吉田茂氏（元首相）のお孫様（母系）に当たるので、何とか御祝意を表したいと申し出て、神宮ご当局の諒解のもと、私が伊勢特産の装飾品を持参したのであった。

神宮の特別室の椅子にお並びの両殿下に、御祝辞を申し上げた後、用意の品を妃殿下に差し上げたところ早速ご覧になり、大変喜んでいただいた。

ところが、間髪を入れず寛仁殿下から、「わしにはないのか」とのご質問があり、驚いた。殿下の例によるユーモアであることはすぐ判ったが、いわれてみれば、結婚祝としては、確かにバランスを欠く感はぬぐえない。しかし今さら改めまして、というわけにもゆかぬ。同伴の谷省吾《たにせいご》文学部長も困った顔をされていた。私は、「妃殿下は皇學館大学の元総長のお孫様ですので特例に」と弁解しようと思ったが、その関係は先刻ご承知のことであるから、とっさに、「これまでは別々でいらっしゃったのですが、神宮に御結婚を御奉告になれば、これからは、ご夫婦は一心同体でございますから」と気転をきかした。殿下は「そうか」と笑っておられた。殿下はこういうお方なのである。帰幽《きゆう》された今は、懐かしい想い出となったが、殿下と皇學館大学との関係は極めて密接であった。

読者は、その実情をご理解の上で、例の私の「諫言」論文をご覧いただきたいのである。

さらに念のためいいそえておくが、勘ちがいしないでもらいたい。自由に発言できる同業の評論家同志なら、道理の通る論争ならば、どれほど激しい言葉で争ってもよい。いやむしろ、私は正当な論争によって学問は進歩すると考えている学徒であり、敗戦後の学界では皇国史観の残党と讒侮《ざんぶ》（他人を陥れるため、事実とは異なる悪口をいうこと）され、孤軍奮闘するのが常であり、教育界でも、日教祖五十万を相手に戦ってきた一人である。論争ぐらいで決して私は驚かない。

先般も男系男子固執論者が、二人がかりで、私を「女系天皇容認論の黒幕」と題して責める書物を出版したが、私は平気で受け流している。批判の内容がつまらぬからでもあるが、必要があれば、私は独りで、いくらでも反論できるから、今は弓の弦を引き絞っているだけのことである。その点、日本の国は言論の自由があって有難い。

とはいっても、長寿に恵まれた私も、今は老病の身であるから、低俗な批判への反論にこだわらず、『皇室典範』そのものの核心と矛盾についての考察を急ぐこととしよう。（四月九日）

第六章　産経新聞提唱案の『国民の憲法』の「第一章・第三条」に注目せよ

現行憲法には含まれていない「男系男子」の用語

皇統の危機を考えると、『皇室典範』の核心と矛盾について、早く私見を述べる予定であったが、今朝（平成二十五年四月二十六日）の産経新聞の第一面から数ページにわたって、同新聞の創立八十周年と『正論』四十周年の記念事業として企画してきた『国民の憲法』要綱が発表されたので、その中の第一章天皇の三条（皇位の継承）を対象として、緊急に私見を開陳することとする（その他の条文についても意見はあるが、今は最大の必須問題に絞って述べる）。

産経『国民の憲法』の第一章・第三条は、以下の通りである。

皇位は、皇室典範の定めるところにより、皇統に属する**男系の子孫**がこれを継承する。

なお、**現行の『日本国憲法』**によると、「皇位」は第二条に以下のごとく定められている。

　皇位は、世襲のものであつて、国会の議決した皇室典範の定めるところにより、これを継承する。

すなわち、憲法には男系・男子の用語は含まれないのである。

そして**現行の『皇室典範』**によると、第一条に「皇位は、皇統に属する**男系の男子**が、これを継承する」と定められており、産経憲法案は、この『典範』を踏まえての提唱であること、いうまでもない。

以上の点を、産経新聞の「解説」記事（名古屋版では一三頁掲載）によって確認しておくこと、以下の通りである。

「産経新聞は、皇位継承をめぐって安易な女系容認に強く反対し、まず皇統の原則である男系維持に知恵を絞るべきだと主張してきた。こうした産経の主張を踏まえ、憲法に『男系』を書き込むことにした。歴史上、八人十代の男系の女性天皇が皇位についた事実も鑑（かんが）み、『男系の子孫』とした」

以上の「解説」は、極めて重大な意味をもっているので、読者各位は是非とも銘記しておいていただきたい。

産経新聞の「男系男子」案を自己否定する矛盾

なぜなら、この「解説」（以下〈A〉と仮称）を下敷にして、第三条（以下〈B〉と仮称）案を見ると、文脈に著しい矛盾があるからである。

〈A〉によると、産経新聞は「女系容認」案を「安易な」発想と軽侮し、「男系維持」に「知恵を絞る」べきと主張するが、もし〈B〉のごとくであれば、「皇統に属する男系の子孫」の第一候補は、男女の差別がないのだから、現在の皇太子殿下（皇統に属する男系）の直系の「子」に当たる「愛子内親王」であることが明白となる。したがって「歴史上、八人十代の男系の女性天皇が皇位についた事実」とまったく同然ではないか。

それにもかかわらず、〈B〉の条文を入れたことで、「皇位の継承『男系子孫』の維持」と、大字のタテ見出しで特筆しているのは、どういう意味なのか、わけが判らない。

おそらく前述のごとく、現行の『皇室典範』第一条を念頭に置いてのことであろうが、いうまでもなく、現行の『皇室典範』は、現行の『日本国憲法』の下位法であり、両者に対立・扞《かん》格《かく》（くいちがい）があれば、上位法の『憲法』に照らして、『典範』を速やかに改訂すべきであろう。

このくらいの知識は、文学部出身の私どもでも承知しているのに、憲法学者を交えて起案された産経案で、『憲法』に「子孫」と書くだけで『典範』の「男子」と同じ意味に解するかのような『解説』を書くとは、何事か。拙速にもほどがあろう。

さらばといって、現行『典範』に倣《なら》って〈B〉の「子孫」を「男子」に改めると、歴史上に実在した「八人十代」の女性天皇の存在そのものを否定することになって、不都合である。

明らかに〈B〉案に関する限り、産経新聞社の持論である「男系男子」案を、自己否定してしまう拙速の愚案である。

しかし、私自身は、この〈B〉案の「男系」の文字を「皇族」と改める方がより望ましいと考える立場であるから、〝次善〟の提案としては当面、〈B〉案でも差し支えないと考えている。その場合は、現在の皇太子殿下の次の皇太子は、当然、「男系の子」に当たる愛子内親王であることを、〝男系男子固執〟の諸君は、覚悟しておいてもらいたい。（四月二十六日）

第七章　憲法改正よりも、先ず皇室典範の改正こそ急務

――特に第一条の〝皇位の継承者〟について

国民精神が不安定な今は、憲法改正より個別法律の改正を

現在の日本国憲法の改正をめぐって、賛否両論の気運が盛り上がってきた。すでに読売新聞（平成十六年五月）や自由民主党（平成二十四年四月）が改正試案を発表しているが、さらに先日（平成二十五年四月二十六日）は産経新聞も改正案を公表し、さらに参議院選挙を眼前にして、論争の的となっている。

憲法は、国家存立の基本的条件を定めた最高の根本法であるから、問題があれば、各政党やマスコミをはじめ、国民各層で議論を尽くすのは望ましいことである。

しかし、それだけ国家の重大事であるから、一挙に全般を改正の対象とするよりも、個別に問題の緩急を考え、その道の専門家の叡智を結集して慎重にまとめてもらいたい。でないと、下手をすると、国論は二分どころか四分五裂して、収拾がつかなくなるかも知れない。憲法が

論争で混迷すると国家秩序が乱れ、国威も衰微する。それにつけこむ外患もなしとしないであろう。私はそれを憂慮するのである。

もともとわが国の憲法は、イギリスのマグナカルタに起源をもつような、王権に制限を加えたり、国家権力から人民の自由や議会の権利を擁護するという欧米先進国のそれとは異なり、明治天皇が明治九年（一八七六年）九月七日、元老院議長熾仁《たるひと》親王に賜わった勅語において明示された精神にもとづいて、天皇親臨のもと新しく設けられた枢密院において厳秘《げんぴ》のうちに慎重に審議され、明治二十二年（一八八九年）二月十一日の紀元節を期して公布された。

しかも天皇は、憲法発布の式に臨まれる前に賢所において皇祖皇宗の神霊に対し「朕が現在および将来に、臣民に率先し、此の憲章を履行して愆《あやま》らざることを誓ふ」と告文《こうもん》を奏上された。ここに他に類を見ない欽定憲法の特色があるのである。

それが、昭和二十年（一九四五年）八月の敗戦で、アメリカの占領下に置かれて廃棄され、昭和二十一年（一九四六年）十一月三日に公布されたのが現在の日本国憲法であるから、帝国憲法の運命は五十六年余りであった。これに対して現憲法は平成二十五年（二〇一三年）年で六十七年であるから、明治憲法より十年ほども長い。つまり、世界に誇る比類なき欽定憲法が、転落して悲惨な占領統治下憲法に一変したのである。この歴史を顧みると、現憲法を正統な形に回復しようとするのは当然のことであるが、それだけに困難のともなうのもまた必須である。

総体的な憲法改正問題などは、国民の国体観がほぼ一致して、天皇を中心に仰ぐ一君万民、君民一体という古来の日本の伝統がよみがえり、国民精神が安定した段階でないと、かえって危険な政争を深刻にすることを、為政者は十分に心掛けてもらいたい。

その意味で、現在は、国家の中核を固める意味で、むしろ憲法改正よりも、皇室典範の改正を先決とする。

「男系の子孫」に改めた産経新聞の策謀の手から水がもれた

皇室典範は、本来は「皇室の家法《かほう》」とされたが、明治四十年二月十一日の皇室典範「増補」は、国民に官報によって公布され、「国法」という性格になった。加えて敗戦後の昭和二十二年一月十六日に新たに公布された現行の皇室典範（以下「典範」と略称する）は、憲法の下位に立つ一法律に変化して、国会の過半数の賛成で変更される現状にある。

ところで「典範」の中でも、最も重要な問題は第一条の〝皇位の継承〟である。

そしてここには「皇位は、皇統に属する男系の男子が、これを継承する」とある。この点は明治の旧典範と同じで、重要な意味をもつ。もともと前述（第六章）で、問題としてきたように、現憲法では「第二条」に「皇位は、世襲のものであって、国会の議決した皇室典範の定めるところにより、これを継承する」とあり、その「定めるところ」に当たるのが第一条であるからである。明治憲法でも「第二条」に「皇位ハ皇室典範ノ定ムル所ニ依リ皇男子孫之ヲ継承ス」とあって、「皇男子孫」の文言が明記され、しかも明治の「典範」には、「第一条」に「大日本国皇位ハ祖宗ノ皇統ニシテ男系ノ男子之ヲ継承ス」、「第二条」には「皇位ハ皇長子ニ伝フ」とあるから、皇位の継承者は、「皇男子孫」「男系ノ男子」「皇長子」と限定されていたのが、現憲法では、意図的にこれを除き、「男系男子」という資格条件は「典範」の中に組み入れることにしたのである。

これは、「憲法」という国家の基本法と、「典範」という一国法との関係から見て、重要な変化といわねばならないが、「憲法」に「皇位は世襲のもの」と決められておれば、大原則が確定しているのであるから、〝世襲のあり方〟は、時代の変化にともない時宜《じぎ》に適した「典範」(法律)で定めるというのは、至極当然のことである。それ故、この点、読売新聞は、第二章天皇の第五条で、「皇位は世襲のものであって、法律の定めるところにより、これを継承する」として「皇室典範」を「法律」と改めているが、内容は同じであり、自民党も、その試案において、現行憲法の第一章天皇の第二条「皇位は、世襲のものであつて、国会の議決した皇室典範の定めるところにより、これを継承する」には、まったく手を加えていない。この両試案の〝無修正〟の事実は、注目に値する。

ところが既述のように、産経新聞だけが、「典範」には何ら言及せずして「憲法」だけを取り上げて、第三条にわざわざ「男系の子孫」を加えているのだ。

これは一見、明治憲法にかえる形をとって、正統性を主張しているかのごとくであるが、実は近年問題となっている男系男子固執派の主張を取り入れて、憲法で確認しておくための策謀である。

しかし、このような「典範」と重複する文言を、わざわざ改正試案の「憲法」に加えることにしたために、その第三条は、「皇統に属する男系の子孫」と記して、現行典範の「皇統に属する男系の男子」と類似の文章となってしまったのみならず、「男子」を「子孫」と書くことを余儀なくされた。

それは歴史上の八人の女帝の存在を認めざるを得ないからである。そのため、愛子内親王は、皇位継承者としてにわかに浮上してきた。

〝上手の手から水がもれる〟とは、このことであろう。その事情を今少し詳しく説明すると、以下の通りである。

明治典範（第一条）の際の「男系ノ男子」については、伊藤博文の『憲法義解』に、「推古天皇以来皇后皇女即位の例なきに非ざるも、当時の事情を推原するに、一時国に当り幼帝の歳長ずるを待ちて位を伝へたまはむとするの権宜《けんぎ》（時と場合に応じて、適当に処置すること）に外ならず。之を要するに、祖宗の常憲に非ず。而して終に後世の模範と為すべからざるなり」

（岩波文庫一二九頁）

とある通りであり、この当時は、最初の制定であるから、過去の歴史に女帝の例があっても、それは「当時の事情」にもとづく「権宜にほかならず」「祖宗の常憲に非ず」「終に後世の模範と為すべからざるなり」ということで、弁解し得たのであろう。

しかし近年、あれほど問題となった歴史上の八人十代の女性天皇の実在について、「権宜《けんぎ》（臨時の計らい）」の特例として、無視する形で〝沈黙〟することは、とうてい不可能であろうから、男系男子固執派の産経新聞は、率直に「男系の子孫」と改めたのである。

ここまでは一応、策謀の意図は達成された感がある（産経案は、独立国家に関する条文と、その国防に関する第九条の改正を主として強調しているように思えるが、その中の男系派は、「男系」の一語を何とか憲法に復活させたいというのが真意であることほぼ疑いない）。しかし、男系の「男子」を「子孫」と改めたために、現在の皇太子殿下（男系男子）の直系の「子」に当たる愛子内親王は、これまで——悠仁親王御生誕後は、——皇位継承者としては小林よしのり氏以外、ほとんど誰も考えてこなかったが、「男系の子」として、しかも「直系」の長子であるから、天皇陛下の御次男の秋篠宮文仁親王殿下よりも、上位の皇位継承者となられることになる。

したがって浩宮徳仁親王殿下が即位される御代移りの場合には、次の皇太子は、敬宮愛子内親王ということになるわけだ。これが産経新聞案だから、私はこれを次善の案として肯定する旨を、前項（第二部第六章）の結びとしたのである。

議論が複雑でくどくなったが、ここまで説明しないと、一般の人々には判りにくいかと思い、〝次善〟の案より先に述べた。もとより私は次善よりも最善を理想とするので、次章に私の理想案を述べることにしよう。（五月七日）

第八章　憲法も典範も、改正以前に〝常識に還ろう〟

「兄弟の役割分担の逆転」の原因こそが男系男子の継承問題

既述の内容は複雑に見えるが、整理してまとめると、以下のような趣旨である。

（1）現在、すでに読売新聞、自由民主党、さらに産経新聞の三者が、憲法改正の試案を公表し、各政党の争点の一つともされている。

（2）時代の変化と要請もあり、確かに現行の憲法の中には、改正を必要とする条文がある。

（3）しかし明治憲法と現行憲法との間には、基本的に正閏の大問題があり、さらに個別の改正と全面改正との整理も、いまだ不十分であり、公党の争点とするのは時期尚早であろう。

（4）むしろ現状では国民精神を安定させ、国体を明確にするために、皇位継承に関する皇室典範（法律）の改正を急務とする。

以上のような事項を、最近の産経新聞の憲法改正草案の問題点（現在の皇太子殿下の次の皇太子はどなたになるのか）を手がかりとして検討してきたのであった。

そして今回、その続稿を述べようとしていると、ちょうど、雑誌『SAPIO』平成二十五年六月号（五月九日発売）と『文藝春秋』六月号（五月十日発売）が、続いて皇統問題を取り上げたので、その中の二篇を発題の枕として寸評させていただこう。

『SAPIO』は、「皇太子と秋篠宮**『天皇家兄弟の宿命』**」と題して、小田部雄次・大原康男・山下晋司・久能《くのう》靖・大島真生《まなぶ》氏の五篇を特集しているが、何れも労作である。中でも、大原康男氏の「兄弟の『役割分担の逆転』はメディアと宮内庁が作り出した／皇太子殿下には『継承者』の自覚と資質が備わっている」は、一段と優れている。私はこの人の青年時代から懇意であり、志操も人柄も熟知しているが、この論文は情理を兼ねた秀作で、再読して思わず涙ぐむ箇所もあった。

『文藝春秋』は、鎌田勇氏の「皇太子と雅子妃ご成婚20年／私だけが知る悲劇の真相」と、山折哲雄・保阪正康両氏の対談を掲載する。後者は従来の自説の繰り返しの凡作で何の新味もない。それどころか、山折論は「二度あった」という日本の「平和な時代」について、朝日新聞のスクープ（小著第四章）で新たに登場した「戦後の六十八年間」が、今回は消えて、「平安時代」が復活している。活殺自《かつさつじ》在《ざい》の俗説である。この人には「平和」の概念が一定していないのであろう。

前者の鎌田氏は、元学習院大学ＯＢでオーケストラ副団長で、三十五年間も皇太子殿下の相談役を務められたというだけに、さすがに皇太子殿下の御心情が生々しく活写され、雅子妃殿下の悲劇の真相もよく伝えられている。国民必読の文章である。

ただし、私の不思議に思うのは、**大原氏の場合**、「兄弟の『役割分担の逆転』」の表面的な原因については、メディアと宮内庁が作り出したということはその通りと同感するが（もっとも、いうまでもないが、メディアも宮内庁も全体ではなく、その一部にすぎない）、雅子妃殿下の場合に、男児の御生誕がないため、典範によって皇家（只今の天皇家）は、皇太子殿下までは皇位を継がれるものの、その後の愛子内親王の立場には、「皇統」はもとより「宮家」さえも、場合によっては消滅することになるかも知れないという〝悲劇と責任〟が、重大な精神的御負担になっていることに、同氏が一語も言及されていない点である。

秋篠宮家の場合は、悠仁親王殿下がお生まれで、その反対のお立場であるから、「役割分担の逆転」の最大原因が、〝男系男子の継承問題〟にあることは明らかである。ところが、大原氏が、このような皇室典範の法規の不自然さをまったく問題とされていないのは、なぜか。私の甚だ遺憾《いかん》とするところである。

鎌田氏の場合は、雅子妃殿下に男児のお生まれになっていないことの悲劇については、さすがに率直に詳しく記されているものの、同氏の社会的立場上、皇室典範の男系男子の〝不自然さ〟そのものについての批判を、慎まれているのはやむを得ない。

しかし、この典範の不自然さこそが、皇太子殿下と同妃殿下の精神的御負担となっていることは、万人の拝察するところであるから、『SAPIO』も、『雅子妃殿下バッシングと「御退位論」の矛盾と危険』を特集の見出しとする以上は、正面から、この典範問題をこそ評論すべきではあるまいか。

秋篠宮殿下の皇族「男性・女性」観

ここで注目すべき記事を、今一つ紹介しておこう。それは男女の差異についての、秋篠宮文仁親王殿下御自身のお考えである。もちろん、秋篠宮親王殿下がこの問題について特別に御発言になった、というのではない。ちょうど今年（平成二十五年）の四月に、悠仁親王殿下がお茶の水女子大学附属小学校に、次女の佳子内親王殿下が学習院女子高等学校から、学習院大学文学部にそれぞれ御入学になった機会に、『文藝春秋』の五月号に掲載された**江森敬治氏**（毎日新聞編集委員）の、**「秋篠宮さま、紀子さまの『教育方針』」**と題する論文中の引用である。

江森氏が、秋篠宮家の方々とどういう御関係であるのか、私はまったく承知しないが、仄聞《そくぶん》するところでは、同氏は昭和三十一年生まれ、早稲田大学の出身で、平成三年から約三年間、毎日新聞東京本社社会部で宮内庁取材を担当し、『秋篠宮さま』の単著（毎日新聞社）もある由で、『文藝春秋』の記事の内容によると、秋篠宮家と年賀状の交換もあるというから、頗る昵懇の間柄と思われる。

その江森氏の伝えるところでは、以下の通りである。

宮さまは生物学的な違い以外は、基本的に男女は平等であるという考え方を貫いている。悠仁さまが生まれ、成長しても『三人（卓注・長女の眞子内親王殿下を含めて）の教育方針は変わらない』と会見で発言し、この考え方はいまでも変わらない。（一四九頁の上段）

また、女性皇族の役割については、「社会の要請を受けてそれが良いものであればその務めを果たしていく。そういうことだと思うんですね。（略）私は女性皇族、男性皇族という違いはまったくないと思っております。ですから、女性皇族だから何かという役割というのは、私は少なくとも公的な活動においては思い当たりません」と、会見で話している。（同上頁の中段）

これは、秋篠宮殿下の御自身のお子様についての男女観であるが、このお考えを愛子内親王と悠仁親王の両殿下に当てはめると、どういうことになるか、事は極めて重大であろう。

愛子内親王が皇太子になられればよい

私自身のこれまでに公表してきた諸論文を基本にし、上述の諸雑誌の論旨を参考にして、現行の皇室典範を改めて見直すと、詳しく論ずれば問題は種々あろうが、最も重要な改正点は第一条である。現典範には、

「第一条　皇位は、皇統に属する男系の男子が、これを継承する」

とあるが、この「男系の男子」の五字を「皇族」の二字に改めればよい。継承の受け皿を拡げるわけである。それだけで緊急の難関は解決する。次のごとくである。

「第一条　皇位は、皇統に属する皇族（産経新聞社案に倣《なら》えば「子孫」）が、これを継承する」

具体的には、将来、皇太子殿下が即位せられる時、現行典範第八条に「皇嗣たる皇子を皇太子という。皇太子のないときは、皇嗣たる皇孫を皇太孫という」とある規則のままに、「皇嗣たる」愛子内親王が「皇太子」となられればよいのである。

「皇統に属する皇族」に、男女の別のないことは、秋篠宮殿下のお言葉を俟《ま》つまでもなく、これは国民の常識であろう。そしてこのように典範を改めれば、産経新聞の憲法改正案の「第一章天皇」の「第三条」に提案する「男系の子孫」という言葉は、少なくとも、愛子内親王の場合までは生かされることとなる。私が産経案を〝次善〟と評したのはそのためである（しかし、

現状の読売新聞・自由民主党を含めた三試案の中でも突出している産経案は、おそらく国会で可決されるのは困難と思われる)。

したがって、憲法は現行（第二条）のままで、典範だけを私案のごとく改正されるのが、「最善」の提案である。そしてこの場合は、一法律の改正であるから、現行憲法第九六条の改正問題とは関係なく、実現は過半数の賛成でよいわけである。（五月十三日）

頼もしい記者の発言「改正するなら憲法より皇室典範」

この「戀闕の友へ」を開始したのは、平成二十五年三月号の『新潮45』（二月十八日発売）に掲載の山折哲雄氏の「皇太子殿下、ご退位なさいませ」と題する論文の出現が発端である。これに関連して小欄では回を重ねてきたが、同じ『新潮45』の六月号（五月十八日発売）に鳴門《なると》真彦《まさひこ》氏の「雅子妃『適応障害』の核心」という刺激的な題名の論文が出た。

雅子妃殿下の御体調不良の根源が、皇統の継承に規定された男子の御生誕がないという精神的御負担にあることは、これまで私は繰り返し発言してきたし、そのことは今や「万人の拝察するところ」でもあり、前項も皇室典範第一条の「男系の男子」の五文字を「皇族」の二文字に改めることが急務、と述べた次第であるから、何を今さらと思ったが、複数の学友から「筆者は知らないが、優れた内容です」と勧誘されたので一読した。

やはり「核心」として強調されているのは、妃殿下に〝男子〟御生誕がなく、皇太子殿下の後継皇統が絶えることへの憂慮の指摘であり、趣旨は予想通りで目新しくなかったが、資料がよく整理されていて、文章も円熟し、一般読者には頗る説得力のある達意の文章である。その点は感心した。

それにしては、皇室担当の筆者で「鳴門真彦」という人物はこれまで知られていないし、『新潮45』にも筆者紹介を欠いている。つまり匿名ということであろう。しかし察するところ、鳴門は「なると」で、「なるひと」皇太子殿下の「ひ」を省き、真彦（まさひこ）は「まさこ妃殿下の「こ」を「彦」に改めたものと思われる。とすれば東宮家関係に親しい人で、さらに記事内容が、皇后陛下の繊細な御心境にまで及んでいるので、筆者は女性である可能性が強い。推測すれば実名もほぼ判明するが、私は、皇室関係の記事を公表する評論家は、責任を明らかにする意味で、必ず自らの氏名を記し、掲載誌側も実名とまぎらわしい匿名は謝絶すべきであろうと思う。

もっとも雑誌では**「記者匿名座談会」**などは有効な企画で、記者の本音が知られて面白い場合がある。『新潮45』でも、同月号に以下のような「匿名座談会」の一節が見られる（三〇六頁）。

新聞　安倍が改憲を言うときに頭にあるのは日本の再軍備。天皇の元首化とか家族制度の復権とかの優先度は低い。

テレビ　皇室をどうするかの議論こそ、先送りできないだろう。改正するなら憲法より先に皇室典範。天皇の体調もよくないと聞くことが増えている。

雑誌　政権再交代で女系天皇容認の目は消えた。男児に恵まれた秋篠宮でさえ、〝その後〟を懸念して女系天皇や女性宮家を認めることを望んでいるフシがある。去年、野田（佳彦前首相）夫妻が天皇・皇后と会った際、野田は前向きに検討すると耳打ちしたという説があったけれど、安倍の復活でこの約束が雲散霧消だ。

ここに発言の見える「安倍の復活で」「女系天皇容認の目は消えた」というのは、まだ断定に過ぎると思うが、「改正するなら憲法より先に皇室典範」とは、私見と同一であって頼もしい。また「秋篠宮でさえ」云々というのは、小欄前項で紹介した『文藝春秋』五月号の**江森敬治氏**（毎日新聞編集委員）の取材記事と吻合《ふんごう》している。これは、男系・女系を問わない〈夫婦（めおと）系＝父母系〉を公認すべしという私見にとって、百万の味方である。

さらに注目すべき最近の論説は、産経新聞（五月十九日付、名古屋版）に掲載された「新聞に喝！」のコメント（連載）である。筆者は日本文化大学学長の**大森義夫氏**（元内閣情報調査室長）で、今回の主題は、「産経の『国民の憲法』要綱に提言」という。短文だが、産経の憲法改正試案に対する提案として、数か条が明示されている。何れも貴重な意見だが、中でも注目されるのは、以下の結びの文章である。

天皇を元首と定めることに賛同する。ただし、「男系の子孫が継承する」ことまで憲法に書き込む必要があるだろうか？　憲法上の論争をすべて決着させたいとの意欲は分かるが、憲法は時代時代の要請に応じて改正してゆくのが正しい。今回の改正案はその先鞭（せんべん）をつけるものと致したい。

これは、まさに「正論」である。

冒頭の「元首と定めることに賛同する」という点だけは、前述の理由によって、私は現状においては〝時期尚早〟と見て必ずしも賛成しかねる立場であるため、この機会に一言つけ加えておくと、現状では、現行のままの「象徴天皇制」派と、改正案の「元首明示」派が互いに激しく対立して、国会が紛糾する恐れがある。「天皇」の身位についての国論の対立は、好ましくないだけでなく、どちらに決まっても不満が残る。日本は本来の国体回復の秋《とき》まで、憲法の文面は現状を生かし、実情は外国人の理解する通り、元首としておけばよい（外国では、日本天皇を奉迎する礼砲は二十一発で、元首の待遇であり、首相の場合は十九発である）。

もっとも、それだけでは私見を、傍観的無責任のごとく思われようから、誤解を恐れず、歴史研究の日本人の真情を率直に披瀝《ひれき》すれば、明治憲法の第四条の一部分の漢語を国語に改めて、「天皇は日本国の元首にして、祭政（まつりごと）を総攬（みそなわ）し、この憲法の条規により行う」を第一条に掲げるだけでよく、「象徴」や「主権」の用語は日本国体になじまない、というのが私の考えである。

それよりも、目下は〝皇統の永続〟を急務とすべきであろう。

そのためには、大森氏の説かれるごとく、「男系子孫が継承する」ことまで憲法に書き込む必要はないし、皇室典範も、時代時代の要請に応じて改正してゆくのが正しい、のである。現に明治の皇室典範は、「増補」や「準則」の形で改正されている。いや、それどころか、「皇庶子」、したがって側室の存在を明白に認めていた明治の典範は、何の改正もなされず、昭和天皇の御英断によって、昭和の初期より消滅してしまっているではないか。このような時代の要請に応じた改正こそが、日本の〝天皇政治が永続〟してきた真の改革の筋道なのである。

「男系男子」の永続は、「側室」と「養子」の制度なくして絶対に考えられない。「養子」については、これまで私は特に言及することが乏しかったが、これは国民の常識であったからである。それ故、現行典範の第九条「天皇及び皇族は、養子をすることができない」（明治典範の第四十二条には「皇族ハ養子ヲ為スコトヲ得ズ」とあり）を〝削除〟すればよい。

つまり常識に還ればよいのである。（五月二十五日）

佐伯氏は現憲法に正当性があると思っているのか否か

第八章の題名で、〝常識に還ろう〟と記したのを承《う》けて、私は先ず「養子」について言及しようと思っていた矢先、丁度、産経新聞（五月二十七日朝刊）第一面に、佐伯啓思教授の「戦後憲法　正当性あるか」と題する論文が掲載された。

いまだにこのような判りきった問題が、一流マスコミの話題になっているのかと驚いた。

佐伯氏は小著（第二部第三章）でも少しく言及したように、現代論壇では注目される学者であるが、その佐伯氏でさえ、憲法問題では、この程度の「常識」の理解で、その「正当性」の可否を問い、それが一流マスコミの話題となるのか、と残念に思うので、今さらの感がするけれども、一応、私自身の現行憲法についての「常識」論を、簡単に繰り返しておくこととする。

私が「日本国憲法の〝違憲〟を告発する」と題して、雑誌『日本』に書いたのは、昭和四十六年（一九七一年）八月号であるから、今から四十二年前。佐伯氏は一九四九年生まれだそうだから、二十二歳前後に当たる。ご存知のないのは無理ないかも知れない。しかしこれは拙著『愛国心と戦後五十年』（青々企画、平成十年十月発行）にも要約してあり、小著（第二部第七章）でも言及しておいたので、少なくとも私にとっては、昔から公表してきたつもりの旧論である。そしてその当時は、飯守重任判事（田中耕太郎氏の弟）の賛同も得て、かなり論壇で注目されたものの、憲法を違憲として告発するのは前例がないために、受理を断られた経緯がある。

そこで今改めて、「戦後憲法に正当性はあるか」と問われれば、私ならば「正当性」どころか、「大日本帝国憲法第七十五条の違反」と即答する。第七十五条には以下のごとくあるからである。（以下、句点、濁点を補う）

「憲法及皇室典範ハ、摂政ヲ置クノ間、之ヲ変更スルコトヲ得ズ」

摂政というのは、旧皇室典範に（1）「天皇未ダ成年ニ達セザルトキ」または（2）「天皇久シキニ亘ルノ故障ニ由リ大政ヲ親ラスルコト能ハザルトキ」に置かれるもので、その御方は、親王・王・皇后その他、天皇に最も近い関係の皇族に限られている。そのような皇族でも、摂政に立たれる間は、〝憲法と皇室典範の変更はできない〟というのが、帝国憲法の規定であった。

ところが、昭和二十年九月二日の「降伏文書」には、「天皇及日本国政府ノ国家統治ノ権限ハ本降伏条項ヲ実施スル為適当ト認ムル措置ヲ執ル連合国最高司令官ノ制限ノ下ニ置カルルモノトス」とあり、天皇が「大政ヲ親ラスルコト能ハザル」状態にあられたことは、いうまでもない。そこで事態は明白となる。

（1）天皇が「大政ヲ親ラスルコト能ハザル」ために、日本の皇族が代行として摂政にたたれている時でさえ、憲法の変更は出来ない。

（2）まして敵国の軍司令官が乗りこんできて、天皇の統治大権が停止されている時に、どうして憲法の改正が出来ようか。

この事実を「常識」として知るならば、戦後憲法に「正当性はあるか」という質問には、「否」と答えるのが当然のことであろう。したがって、佐伯氏の表題は、一見愚問のごとく思われるが、実は佐伯氏は、この常識をすでに十分に承知しながら、わざと「正当性」に疑問符を付加しているらしい。なぜなら、佐伯論文は以下の文章で結ばれているからである。

> いずれにせよ、まずは現憲法の正当性の基盤がきわめて脆弱（ぜいじゃく）であることを知っておく必要がある。今年の4月28日に政府は政権回復の式典を執り行った。ということは実は、政府が現憲法の正当性について、暗黙のうちに大きな疑念を表明したことになると了解すべきなのである。もし改正をいうなら、このような前提のもとでの改正でなければならない。

この結論に関しては、まったく同感である。ただし、この論旨を一歩突っこんで、それでは「政府（が）……現憲法の正当性について……大きな疑念を表明」しているという「前提のもとの改正」とは、一体、具体的に何をいおうとしているのか。

愚直な私には、意味不明である。

はっきりと借問すると、一体、佐伯氏自身は、現憲法に「正当性」は〝ない〟ということを、認めているのか否か。認めているなら、先ずそのことを鮮明にすべきであろう。自らの立場を曖昧にしながら、疑問符つきの発想で読者に問いかけるのは、巧みな文章といえばその通りだが、学者というものは、売文業の評論家ではないのだから、自らの立場を忌憚なく明確に示して、世論を指導してもらいたい。私は同氏に期待するところが大きいだけに、敢えて忠告させてもらうのである。

フランス・ドイツに学びたい、憲法論者が忘れている「常識」

もっとも、同氏が、戦後憲法の正当性にからんで、政府主権の回復式典行事を取り上げて、政府自身の「大きな疑念」を証明しているのは、秀逸である。しかしこの点は、私見でも早く指摘していることであって、私は「占領下に自由があるか」の一節で、下記のように述べてきた（『愛国心と戦後五十年』三四四〜四六頁）。

多くの日本人の誤解をとかねばならない。それは大東亜戦争について、その期間を、昭和十六年十二月から二十年八月までの三年八か月と考へることの間違いである。大東亜戦争は昭和二十年八月に終つたのではない。たしかに、この時、日本はポツダム宣言を受理し、武器は捨てた。九月には降伏文書の調印もした。しかし、日本と連合国との間の〝戦争状態〟は、なお〝終了〟してゐないのである。この〝戦争状態〟が〝終了〟するのはサンフランシスコ平和条約の発効した時、すなはち昭和二十七年四月二十八日を待たねばならない。そのことは、この平和条約の冒頭、第一章の『平和』の条に明記されてゐる。

（中略）

日本と連合国との〝戦争状態〟は、昭和十六年十二月から二十七年四月まで、満十年四か月に及ぶのである。この十年以上の〝戦争状態〟の中で、前半の三年八か月が〝戦闘期間〟、後半の六年八か月が〝被占領期間〟であつたということを、先づ理解しなければならない。（中略）

そこで、問題の日本国憲法であるが、この憲法は、いふまでもなく、昭和二十年から二十一年、連合国軍の占領下でつくられた。占領下でも、敗戦国民に自由があるといふならば、日本国憲法は、日本国民にとつての自主憲法である。だが、もし占領下には自由がないといふことであれば、日本国憲法は自主性を欠いた、国民不在の憲法の名に値しないニセ憲法となる。これは、誰にでもわかる当然の理だ。日本国憲法の正否や改正の是非を論ずる場合、この判りきつた問題を、まづ最初に吟味してかかることが賢明であらう。

長い引用となったが、この最後の数行は、先に紹介した佐伯論文の末尾の言葉、「いずれにせよ、まずは現憲法の正当性の基盤がきわめて脆弱であることを知っておく必要がある……」と、内容がほとんど同一といってよいくらいに類似していることに注意されたい。

異なるのは、私の論文が「昭和四十六年八月」であるのに対し、佐伯論文が平成二十五年の五月二十七日付であることだ。私が「常識に還ろう」というのは、私見が四十二年前にすでに発表されているからである。

ことのついでに、私の論文では外国の憲法、フランスとドイツの実例を挙げているので、それも改めて紹介しておこう。

当時のフランス憲法（第八十九条）には、以下のごとく書かれていた。

「いかなる改正手段も、領域の保全に侵害が加えられている時には、開始あるいは遂行されることが出来ない」

見事な宣言だ。「領域の保全に侵害が加えられている時」というのは、要するに敵国の〝占領下〟ということだが、その時には、憲法改正は出来ないという禁止条項である。今から思えば、日本でもこの当然の禁止条項を明治憲法に入れておけばよかったのだが、まさか日本が敵に占領されるような悲劇は、当時の日本人の〝想定外〟であったから、書き入れなかっただけである。そして〝摂政治世下でも改正は出来ない〟という前述の条項で、〝占領下ではもちろん〟という意味を含ませていたのであろう。

日本とよく似た敗戦国のドイツの場合はどうか。

少なくとも、当時の西ドイツ国民は、敵国の占領下には、自分たちの自由はないと判断し、連合国の強制する憲法改正には強く反対し、どうしても改正せよというならば、やむを得ないから、暫定的な「基本法」（Grundgesetz）をつくることにした。これは正式の「憲法」（Verfassung）ではないことに注目されたい。そしてその基本法の最後の条文（第一四六条）には「基本法の失効」と題して、

「この基本法は、ドイツの国民が、自由な決定によって議決した憲法が効力を生ずる日において、その効力を失う」

と規定した。さすがにドイツ人だ。勇気と決意の見事な表明ではないか。その後、一九九〇年（平成二年）八月にドイツ統一条約を締結、十月にドイツは再統一するが、それでも「基本法」を墨守して、該当条文も若干修正しているが、以下の通りである（第一四六条「基本法の有効期限」）。

「ドイツの統一と自由の達成によって、全ドイツ国民に適用されるこの基本法

(Grundgesetz) は、ドイツ国民が自由な決定によって決議する憲法 (Verfassung) が施行される日に、その効力を失う」

自主独立を叫ぶ日本の憲法改正論者も、このドイツの実例を参考に、条文を工夫して書き加えてはどうか。これを検討するのが、憲法問題の「常識」というものだ。(五月二十九日)

第九章 『週刊新潮』の怪スクープ事件

週刊新潮の虚偽の誤報に抗議した宮内庁

公私の所用に忙殺されていた矢先、『週刊新潮』(平成二十五年六月二十日号、六月十三日発売)に驚くべき記事が出た。「『雅子妃』不適格で『悠仁親王』即位への道」と題し、巻頭七ページの特報である。

論旨の詳細はすでに大方の読者、周知の通りと思われるので繰り返さないが、主旨は以下の如くである。

(1) 宮内庁で皇室典範改正に向けた具体的な検討が進んでいる。

(2) その背景には雅子妃殿下の御病気によって、将来、皇太子殿下が御即位された場合、天皇・皇后としての公務を行われることが可能なのかという懸念がある。

(3) その場合に備えて、宮内庁では以下の改正案を考えている。

（イ）天皇の退位、譲位を可能にする。
（ロ）皇位継承者が、それを辞退することを可能にする。
（4）以上二点を骨子にして、宮内庁では、風岡長官が密使として今年二月一日に首相官邸を訪れ、その旨を伝え、双方でそれぞれの事務方が研究・検討に入っている。

かように国体・皇室の重大事が、秘かに宮内庁・内閣官房で研究・検討に入っているということ自体、重大問題であるが、さらに同誌によれば、具体的には、「天皇陛下には最後まで天皇としての重責を全うしていただく」。後継の「皇太子さまには比較的早い段階で退位し、皇位を次の方に譲っていただく」「譲位のお相手は（中略）秋篠宮さまではなく、そのご長男の悠仁親王だというのです」と、「警察庁幹部」が声を潜めて明かしたと記す。

そしてこの「シナリオは一見、余りに突飛だ。しかし、今上陛下、皇太子、秋篠宮両殿下の三者の間では、すでにこの件は了承済みなのだという」とまで明記している。

このように見てくれれば、前述の皇室典範の改正案（3）が、それを可能ならしめるための方策であることがよく判る。要するに、妃殿下の御体調不良を理由として皇太子殿下を退け、早期に男子の悠仁親王に皇統を移す手の込んだ継統策である。これが事実ならば、週刊誌としては超スクープだ。先般の女性宮家創設案が不成立に終わった以上、政府として、それに代わる皇統継承の安定策を急務としていることは当然理解されるから、何らかの種々の試案が検討されていたとしても、そのこと自体を責めるつもりはない。

しかし、現行の皇室典範は〝皇室の家法〟として枢密院で秘かに審議された旧典範と異なり、今は一法律とされているのであるから（第二部第七章参照）、改正に際してもその手続きを経るのが当然である。それ故、小泉内閣の際にも「有識者会議」を設けて、審議内容が公表され、野田内閣の場合でも、有識者十二名の公開ヒアリングが行われたのであった。

ところが今回の場合は、政府内部の試案検討中に、スクープの形で国民に公表され、しかもこの試案が今上陛下、皇太子・秋篠宮両殿下の三者の間ではすでに了解済みということまで報道されていることに、私どもは先ず驚いたのである。

それだけではない。この報道に対して、新聞記者からの質問をうけた政府は、即日（六月十三日）、「内閣官房」と「宮内庁」でそれぞれ記者会見を行うとともに、連名で、抗議文を、『週刊新潮』編集部編集長酒井逸史殿」宛に、すでに申し入れているという事実を発表した。文面は以下の通りである。

この記事では、「風岡宮内庁長官が安倍総理に対し、『天皇の生前退位及び譲位』並びに『皇位継承の辞退容認』を可能とするような皇室典範改正の要請を行い、それを受けて内閣官房で密かに検討が進められている」旨の記述が見られ、また、「そうした宮内庁の要請内容については、天皇・皇后両陛下と皇太子・秋篠宮両殿下の間では、すでに納得されている」旨の記述が見られるが、このような事実は一切なく、この記事はまったくの事実無根である。

貴編集部の事前の取材に対して、当該事実は一切ないことを文書にて明確に回答していたにもかかわらず、このような記事がそのまま公表されたことに強く抗議する。

皇室制度や皇位継承のあり方という極めて重要な事柄について、このように憶測等に基づく、まったく事実と異なる記事を掲載することは、国民に重大な誤解を与えかねないものであり、大変遺憾である。

以上、厳重に抗議をするとともに、速やかに訂正記事を掲載することにより、記載のような事実がなかったことを明らかにするよう求める。

そして宮内庁は「週刊新潮記事（平成二十五年六月二十日号）への宮内庁の見解と対応」の一文までを同日付のホームページに掲載しているが、内容は上述の抗議文とほぼ同じである。つまり、『週刊新潮』のスクープの内容は「事実無根である」から「速やかに訂正記事を掲載」せよ、という抗議である。しかもこれを「内閣官房」と「宮内庁」が連名で公表したのであるから、前代未聞の珍事といわざるを得ない。これには二度吃驚《きっきょう》である。

「事実無根」となれば一部の記事の誤報ではすまない。全面的な虚偽ということになる。

『週刊新潮』は、果たしてどのように答えるか。私どもは固唾《かたず》をのんで見守った。ところが結果は意外な展開となった。（六月二十二日）

二度も虚仮《こけ》にされた宮内庁はこのまま黙しているのか

次回の『週刊新潮』（六月二十七日号）は六月二十日に発売された。ところが、問題の記事は「『雅子妃』不適格は暗黙の了解『千代田』の迷宮」と題して、七ページに及ぶ「特集」で、

（1）「雅子さま」想定内のキャンセルに10秒絶句「陛下」の胸中
（2）体調不良を訴えた「美智子皇后」の送ったメッセージ
（3）侍従長に問題官僚で揉める官邸と宮内庁の軋轢の根本
（4）見えてきた「悠仁親王」即位で「紀子さま」国母への気負い
（5）国民が同情する寂しき皇太子の「雅子がきたら」
（6）「雅子さま」ご関心は臨海学校「愛子さま水着」を撮らせない！

以上の六項目の柱をたてて、徹底徹尾「雅子妃殿下」を中心とする批難悪口である。

そして、前述の宮内庁の抗議文については一言もふれることなく、完全に無視している。同

日発売の『週刊文春』(六月二十七日号)は、「雅子さまもお見舞い　美智子様がお心を痛めた『中傷記事』」と題して一ページだけの報告記事を載せているが、その末尾部分に以下の文章を掲げているから、参考としよう。

週刊新潮編集部は本件について、「『記事は機密性の高い水面下の動きに言及』したものです。内容には自信を持っております。」とコメント。訂正要求には応じない構えだ。

何という無礼不遜な態度であろうか。内閣官房・宮内庁連名の公式抗議文には、一言の釈明も回答もなく、他誌の質問にはコメントを発して、政府の訂正要求には応ぜずして徹底抗戦する姿勢である。

一方、「宮内庁」は、この『週刊新潮』の特集記事に対して、六月二十日付で、以下の「申し入れ」をしている(ホームページによる)。

この記事では、前号の記事を改めて引用しつつ、新たに「官邸と宮内庁の軋轢」と題し、安倍総理の宮内庁不信に繋がった過去の事情として2008年の麻生政権時代に、「麻生総理が陛下への内奏の際、旧宮家の復帰を提案したところ、陛下は良い返事をされなかった」という情報が、宮内庁から外部に流されたこと、また、当該情報は全て嘘であり、旧皇族の復帰を望まない宮内庁が虚偽の情報を発信したこと、などが記述されているが、このような事実は一切なく、全くの事実無根である。

貴編集部の事前の取材に対して、当該事実は一切ないことを文書にて明確に回答していたにもかかわらず、このような記事がそのまま公表されたことに強く抗議する。

皇室制度や皇位継承のあり方という極めて重要な事柄について、このように憶測等に基づく、全く事実と異なる記事を掲載することは、国民に重大な誤解を与えかねないものであり、大変遺憾である。

以上、厳重に抗議をするとともに速やかに訂正記事を掲載することにより、記載のような事実がなかったことを明らかにするよう求める。

この第二回目の内容は、第一回目の抗議文と同じく、『週刊新潮』の内容が「全くの事実無根」の記事であると言明し、「抗議するとともに、速やかに訂正記事を掲載すること」を要求しているが、文末の文章などは前回とまったく同一の定形文の感があり、事実無根という虚偽に対する宮内庁側の怒りの気概が読者に感じられない。腰の弱い形だけの抗議という印象をもつのは私だけであろうか。

宮内庁としては、なるべく事を荒だてないで解決しようとする慎重な気持ちがあるのであろうが、それも事によりけりである。皇室制度や皇位継承順の是非だけではなく、皇族の方々が名指しで辱《はずか》しめられているのに対しての、宮内庁、内閣官房連名の抗議である。それも一度ならず二度までも抗議そのものを虚仮《こけ》にされて「大変遺憾」の「申し入れ」程度で済むであろうか。それを問い詰める怒りの気概が感じられないのは不可解である。

さらに不審に思うのは、二回目の抗議が「宮内庁」だけで「内閣官房」が削られているのはなぜか。『週刊新潮』の再度の内容（六月二十日号）には「官邸と宮内庁の軋轢」として、「安倍総理の宮内庁不信」の記事が明記されている。当事者とされる「安倍総理」が先頭に立って証言、いや抗議すべきであるのに、逆に抗議の主体から「内閣官房」が姿を消したのは、国民の大いなる疑惑を誘うであろう。

私ならば、第一に、第一回の抗議文の場合でも「速やかに訂正」ではなく、〝次号の誌上で〟と、回答期日を指定するであろう。それがないために、いまだにズルズルと回答せず、むしろ回答要求に応じない姿勢を示しているのだ。

さらにいえば、期限切れの場合は、宮内庁でも内閣官房でも、新潮社に対して出頭を求めて然るべく、それも断るなら、政府の責任者が出向いて対決の論争をするくらいの覚悟を示す必要がある。念のため申し添えると、その対決は、特にマスコミの記者を第三者として立ち会わせるべきであろう。ことはそれくらいの重大性をもっている。黒か白か決まれば、何れかの責任者はもちろん、切腹（現在では辞職）は当然といえよう。それが国家公務員、あるいは言論の自由を唱えるマスコミの責任者の出処進退というものだ。そうではあるまいか。（六月二十八日）

極めて重大な両陛下のご意向

〝二度あることは三度ある〟という。

『週刊新潮』（七月四日号）は、次回の三度目（六月二十七日発売）に、「満身創痍で宮中祭祀『美智子皇后』ご心配を吐露した陛下侍従」と題して、今度は、高橋美佐男侍従次長の実名と写真を示して、「皇后さまの『ご心中』を代わって吐露した。そこからは、宮中祭祀についての切なるお悩みが伝わってくるのだ」（リード）という二ページ組の記事を掲載している。

二回にわたる宮内庁（一回目は内閣官房も連名）の「事実無根」の抗議に対して、事実の検証についての是非には少しも言及せず、完全に黙殺の形で、今度は宮内庁の「侍従職のナンバー2に当たる」侍従次長を当て馬にして、六月二十日の宮内庁「定例レク」で、皇太子妃の雅子殿下が宮中三殿での祭祀に、直近の十年間に二回しか出席されていないことになると、「侍従次長はこの日、そうした〝時系列〟にあらためて触れながらも、皇后さまのご心中をひとしきり披瀝していった」という。そして「陛下の側近として、このような『所感』を口にしていたのだ。（中略）遠回しながら侍従職、ひいては宮内庁の意向が垣間見える言葉だ」と指摘する。

そのため、「現場では『これは形を変えた東宮批判では』といった声も記者から漏れていました」という「宮内庁担当記者」の発言を紹介している。そして皇室ジャーナリストの山下晋司・渡辺みどり・神田秀一氏等を動員して、侍従次官の発言を裏づける同調の所感を述べさせ、宮中祭祀の重要性を雅子妃殿下に「お言伝《ことづ》て」される意味の皇后陛下の御心中を、侍従次官が代弁したように、結論づけている。

これが事実とすれば、『週刊新潮』が六月二十日号（第一回）で載せた「ついに『雅子妃に皇后は無理』の断を下した美智子さまの憂慮」を裏うちする有力な一証となる。

同誌はこれを以て宮内庁当局への反論回答としたつもりであろう。正面からの堂々たる反論でなく、婉曲《えんきょく》な回り道の弁解だ。問題は、皇后陛下の「ご心中」と「ご発言」の信憑性《しんぴょうせい》にあるが、それは間接話法で、他者に責任を転嫁して巧みに逃げている。論壇誌としては最も卑怯なやり方である。

しかし、これに鉄槌《てっつい》を下されたのは他ならぬ、皇后陛下御自身である。それが六月三十日付の『産経新聞』（大阪本社の「皇室ウィークリー」十三版）に載っているので、これを紹介して、この問題に一区切りをつけることとする。

二十七日の風岡長官の定例会見では、週刊誌報道をめぐり、病気療養中の皇太子妃雅子さまへの皇后さまのお気持ちが明かされた。

週刊新潮六月二十日号には、

「皇后さまが『皇太子妃には将来、皇后の仕事はつとまらないでしょう』と漏らされた」など掲載されたが、風岡長官は「皇后陛下は、皇太子妃殿下が記事で傷ついておられるのではないかと大変心配なさっている。記事にあるようなことはなかったことを、必要があればお伝えしたいというご意向はお持ちだとうかがっている」と述べた。

この皇后陛下の『週刊新潮』の「記事にあるようなことはなかったことを、必要があればお伝えしたい」という「ご意向」は、極めて重大である。しかもそれは、直接に風岡宮内庁長官が「うかがっている」と証言されているのだから、それがもし誤解であれば、職を賭けた長官の責任であるだけでなく、累は皇后陛下にも及ぶ重大な発言と申さねばならない。

この事態に及んでも『週刊新潮』は、政府の抗議に対して黙殺し、記事の訂正を拒否するのであるか。また一方、政府も文書だけの抗議でお茶をにごすつもりなのか。是非を明確にするため、厳正な対処をとってもらいたい。

事は日本国体の命脈にかかわる精神的危機である。諸般の情勢から見れば、事態は切迫している。時は待たないのである。（七月一日）

第十章　皇家の「万葉一統」を護持するために
——次の「皇太子」は、愛子内親王殿下が道理

打ち消された天皇・皇后両陛下の悲願

小著執筆の目的は、〝皇統護持の念願〟に尽きる。

しかし、論壇の形勢は必ずしも好転せず、日月とともに天皇・皇后両陛下もお歳を召されてゆく。国家・国民の安泰とともに、皇位継承の安定化を最大の悲願とされている両陛下に御安堵をいただくためにも、その方途を一日も早く献策し、皇室典範を改正しなければならない。

その点を深慮して、小泉内閣当時に有識者会議が結成され、具体案をまとめ、私も病床にありながら、雑誌『諸君！』や小冊子（国民会館叢書）に女帝・女系で何ら差し支えないという賛成論を執筆したが、結局、男系男子固執論者の「口やかましい少数者集団」（ノイジー・マイノリティ）の執拗な反論と一部マスコミの偏向掲載、さらに秋篠宮悠仁親土殿下の御生誕という御慶事があり、解決は先延ばしとなった。

しかしその後、宮家の女王方が、次々と御結婚適齢期を迎えられるに及び、現行典範のままでは、皇族は、養子も許されず（第九条）皇族女子は皇族以外の者と婚姻した場合は臣籍降下の他はない（第十二条）ため、将来、悠仁親王殿下が即位される頃には、現在の皇家（天皇家）断絶はもとより、悠仁殿下の実家（出身宮家）に当たる秋篠宮を含めて、宮家と称するものは皆無となり、悠仁天皇（仮称）お独りだけの御世となることが、予想されるに至った。

このようなことは、わが国二千年の国史で、未曽有の事態であり、もしも悠仁天皇（仮称）に万一のことがあるか、あるいは御成婚後に男子が生まれなければ、この時点で、たちまち二千年に及ぶ〝皇統の断絶〟という危機が到来する。それが、現皇室典範で定められた法理なのである。

ここにおいて、陛下の御憂慮を拝察した宮内庁を中心に、野田内閣は、女性宮家の創設案を提起し、ヒアリングに選考された有識者十二人中、八名が女性宮家の創設案に賛成（反対は四名）したにもかかわらず、これを改めて国民への意見公募（パブリック・コメント）に問う形をとったため、男子男系固執派の猛反撃をうけ、その組織票によって、敢えなくも女性宮家創設案は否決される結果となった。八対四で有識者に賛成があれば、国民の意見公募などはせず、女性宮家の政府案を、ただちに国会に提出して、国民を代表する議員の公議にかければよかったのだ。

しかし、後悔先に立たずで、一旦否決の結果が出てしまうと、女性宮家創設案の再提出は、ほとんど至難に近いと思われる。加えて後任の安倍首相は、もともと男系男子固執派の中枢であったから、国民公募の否決に勢いづいて、早速、女性宮家案は「白紙」に還元するとまで表明してしまった。

その結果、天皇・皇后両陛下の、せめてこれだけでもと希望された直宮《じきみや》（天皇と直接、血縁関係のある皇族）の女性宮家創設の御悲願は、打ち消されることとなった。

現今では、女性宮家創設案が、陛下の御希望に添うものであることは、一般の論壇ではほとんど常識のことであるのに、なぜ、男系固執派が、大御心に背を向けてまで反対するのか。心ある日本人には理解しがたいことであろう。

もっとも、何もいわないと誤解される恐れもあるので、一言しておくと、ふつうに私どもが「大御心」と申せば、叡慮《えいりょ》、すなわち現「天皇陛下の御心《みこころ》」を申し上げるが、男系派の「大御心」というのは、現在の天皇の「御心」とは異なり、二千年の日本歴史を通じて拝される歴代天皇の「御心」を総称しているらしいのである。すなわち「御心」とは、現在の天皇の心であり、「大御心」とは、歴代天皇の心、だそうである。

私は初めて聞く奇妙な解釈だが、これは、男系男子派の拠点となっている日本会議の事務局を代表し、かつ私の積年の知己からの、率直な回答なのであって、決して私見の勝手な判断ではない。

それどころか、この思想の底流には、根の深い哲学思想が潜《ひそ》んでいるのである。それは、フランス革命を誘発したジャン＝ジャック・ルソーの「一般意志」（『社会契約論』）に他ならないが、その関連の説明については、今は先を急ぐので省略する。ともあれ、今上陛下の叡慮に背いてまで、男系派は、女帝の出現も、女性宮家創設案も、それを誤った「御心」であって、伝統的な「大御心」ではないと、自己流に判断して否定した。しかも彼等は、その後の皇統永続のための匡救《きょうきゅう》案を一向に提出していないのだ。無責任ではないか。

わずかに一部の論者は、皇統に属する男子であれば、たとえ遠い間柄であっても傍系男子をお連れして皇族に復帰してもらえばよいという。ところが、小林よしのり氏ではないが、「そういうお方があるならばお連れせよ」といわれても、彼らにはそれは出来そうもない。

第一に、現在の御結婚適齢期の女王にふさわしい年齢のお相手の傍系男子が見当たらないのではないのか。管見では唯一人考えられるが、ご本人が自分は不適任だと雑誌に明言されているから問題にならない。

一方、旧典範には「皇族ノ臣籍ニ入リタル者ハ皇族ニ復スルコトヲ得ス」（増補第六条）とあるから、これは戦後、すでに廃案となっているものの、これをどう改正するのか、それを提案する声も、男系派からは聞こえてこない。

皇太子に本来、男女の別はない

天皇・皇后両陛下の御憂慮にお応えするだけでなく、恐れ多いことながら、天皇陛下に万一のことがあって、皇太子殿下が「摂政」になられ、さらに次の御世を継承せられるような事態を迎えたら、その時の天皇の「後嗣」に当たる「皇太子」(現行の新皇室典範第八条)は、どなたになるのか。

国史上、皇太子の冊立《さくりつ》(勅命にもとづいて、皇后、皇太子を正式に位につけること)については、種々の変遷があるが、明確に制度化されたのは旧典範(第十五条)からである。これは皇位継承の際の混乱を避けるため、あらかじめ法的に規定された重要な制度で、新典範にも引き継がれている(第八条)。

それによると、「皇太子のない時は、皇嗣たる皇孫を皇太孫という」という規定はあるけれども、現状では、これに対応する用意もない。この、天皇陛下に万一のことがあれば、「皇太子」が「空位になってしまう」という欠陥を、最初に指摘されたのは、管見では小林よしのり氏であるが(『新天皇論』第十六章一六〇頁)、まさにその通りなのだ。

皇室典範の「皇位は(略)男系の男子」(第一条)から逆に推定すれば、皇嗣に当たる「皇太子」も、一応は「男子」と考えられるが、秋篠宮悠仁親王は、次代の徳仁天皇(仮称)の

「子」ではないから、現在の常識としては、正確な意味での「皇太子」ではあり得ない。もし、それを敢えて「皇太子」と称するためには、徳仁天皇（仮称）の「実子」、または「猶子」として承認する儀式が必要だが（明治天皇も大正天皇も側室の庶子だが、儀式で実子とみなされた）、明治時代以前ならばともかく、現代ではそのような形式的な儀礼（擬制）は考えられない。

一方、秋篠宮文仁親王殿下は、現在の皇太子である徳仁親王殿下の「実弟」ではあられるが、「実子」ではないから、次代の「皇太子」ではあり得ない。それ故、この場合は、新たに「皇太弟」の名称を用意せねばならないが、そのためには皇室典範の改正が必要なのに、その準備もない。

このように吟味してくると、むしろ率直に考えて、現行典範のままならば、「皇長子」としての愛子内親王こそが、「皇太子」と称せられるのが当然なのだ。問題は「女子」という点だけである。

しかし、もともと、「皇太子」の語幹の「皇子」は、〝天皇の御子〟の意味で、「皇子」そのものに、男女の区別はない。現皇室典範でも第六条を熟覧せられよ。「皇子」の中の「男を親王」「女を内親王」とあるではないか。「皇子」は男女の両者を共に含む用語なのである。

したがって「皇太子」にも本来は、男・女の別はないのである。現に孝謙天皇（阿倍内親王）は、聖武天皇の第一皇女として、天平十年（七三八年）に「皇太子」になられた前例がある。現行典範でも、「皇位」には「男系の男子」の規定（第一条）があるものの、「皇太子」には「男子」の規定はなく、「男系の女子」でも、異存はないはずである。問題は、現行皇室典範で、「皇太子」の女性が否定されていないのに、「皇位」が「男子」に限定されているという矛盾である。この矛盾は当然、改められねばならない。その際は、歴史の前例に照らして、「皇太子」も、「皇位」も、男女ともに容認する規定とするのが当然であろう。でなければ、阿倍内親王の皇太子も、推古天皇以下八人十代の女帝も、歴史の上から抹消されてしまうことになり、道理として許されないことになる。

現に、先般公表された産経新聞社の『国民の憲法』の「第一章天皇」の第二条によれば、「皇位は、皇室典範の定めるところにより、皇統に属する男系の子孫がこれを継承する」と改正されており、「男系の子孫」の「子孫」は、男女に通用する言葉である。それが常識であるとともに、日本歴史の実例を正直に物語っているわけだ。これは旧帝国憲法の「皇男子孫」および旧典範の「男系ノ男子」を改正した結果である。

それ故、男系男子派の産経新聞社の改正憲法案でも、現皇太子が、天皇に即位せられた後の「皇太子」は、疑いもなく「男系の子孫」である「皇長子」（現典範第二条一）の愛子内親王殿下となるのである。このようなことは、近年、誰も唱えたものがいないから、人々は驚くかも知れないが、これが、現行の皇室典範から公正に考えて導き出される道理である。先ず、そのことを国民は十分に理解せねばならない。（七月十七日）

世界に誇り得る日本の伝統は「男系男子」ではない

前項の「次の『皇太子』は愛子内親王殿下が道理」という拙論に、驚く人々もあったようであるが、日本の歴史を学ぶ私にとっては、八人十代の「女帝」の実例から考えて、何の疑問もないことであった。

まして小泉首相の私的諮問機関「皇室典範に関する有識者会議」が、「女性・女系天皇容認」「男女を問わず長子優先の皇位継承」を骨子としてまとめた最終報告書があり、当時、私は、率先してこれに賛同したことでもあるから、何の違和感ももっていない。

私の提説に驚いた人々は、自分自身の深い考えはなく、日本の国は「男系男子」の継承が〝特色〟であり、〝伝統〟である、という一部の男系固執の評論家による宣伝を真にうけて、ただ何となく信じこんでいるために、明治憲法の「皇男子孫」（第二条）や旧皇室典範の「男系ノ男子」（第一条）を、〝万世一系〟の代名詞か同格の表現のように雷同してきただけのことである。

真に日本の〝伝統〟で、世界に誇り得る史実というものは、男系男子とは関係なく、〝万世一系の皇統〟そのものである（実際は〝一系〟というより〝一統〟という方が歴史の実態にふさわしく、これを吉田松陰は「万葉一統」と記述し、先立って水戸学では「皇統一姓」とも呼んだが、この点は別に述べたことがあるので、今は繰り返さない）。

もともと皇室の側室をともなう〝男系男子〟そのものは、それほど〝誇り〟とするに足るものではない。

それはシナの古代家族制の〝一夫一婦多妾〟（一般に〝一夫多妻〟という）をもとにした、側室（多妾）制度を日本でも受容した生活慣習にすぎないからだ。それが、皇室に関しては「大宝令」で制度化されただけのことである。

それよりも、真のわが国の〝光輝ある伝統〟というのは、日本国の正統な統治者が、建国以来、皇家（一般に天皇家と呼ばれる）だけの系統で継承されてきたこと、すなわち外国の征服者による革命や、国内でも皇統以外の他氏族による簒奪《さんだつ》（帝王の位を奪うこと）は、二千年にわたって一度もなかった、という世界に例を見ない稀有の事実なのである。

この「万葉一統」の国体こそが、日本の世界に誇る姿であり、男系男子の歴史は、珍しいことではあるが、側室と養子（猶子）の制度によって継承した慣習の結果にすぎないのだ。しかも側室制の本質は、シナで盛行した男尊女卑の思想に通底し、近代日本では反時代的な弊風であるため、昭和天皇の御英断によって、完全に廃止されて今日に至っている。

これでは、男系男子の旧弊が、永続し得る道理がない。いや道理だけでなく、実際に一二五代に及ぶ御歴代天皇の中、約五十％近くは、皇后以外の側室などによる御出生という、歴史上の実証もある。常識ある国民ならば、今日の危機が、まさにこの点にあることを率直に認めねばならない。

ところが不可解なことに、男系男子派は、この皇室の側室制について、知ってか知らでか（これは言葉の綾。実際は十分に承知しているのに）、これまでの論争上で、側室問題についてほとんど言及したことがない（これを旧弊と認めれば〝誇りある伝統〟などといえるはずがない）。

この重要な論点を避けて、男系男子に固執するのは、あたかも高台に登るのに、必要な梯子をはずされても、まだ虹の橋で登れると空想するに等しく、空論という他はない。

男系・女系などというから、男女の堅苦しい対立となるが、もともと子供は、父親と母親の両性から生まれるのである。「夫婦相和シ」（教育勅語）こそが日本の、いや人類の道徳だ。しかし「相和シ」ても、子供の生まれない人もある。生まれても、女子ばかりで、男子でない場合もある。それにもかかわらず、男子を生めない女は離婚の条件の一つにしてもよいという、古代シナ流の非情な旧弊（日本の大宝・養老令にもその後遺症がある）が、男系男子派の中に残っていなければ幸いである。

もっとも、男系男子派の主張の中では、最近はすでに臣籍降下した傍系の皇族男子に皇族へ復帰していただくとよい、という議論が主流をなしている。その点では尚検討すべき問題もあるので、さらに後述することとしよう。

ただし只今、さる方面から結論を早く示すように督促をうけたので、基礎を固めて建築図面を示すつもりであったが、予定を変更して、先ず『皇室典範改正私案』の要領を次章に示すこととする。（七月二十七日）

第十一章 『皇室典範改正私案』の要領と、その解説

現在は分裂直前の異常事態と心得よ

以下は、皇室典範改正の私案である。

要領『皇室典範改正私案』（現行典範の右傍線は要改正部分、ゴシック字は修正文字）

第一条　皇位は、皇統に属する男系の男子が、これを継承する。

子孫

2　皇位につく男女の君主を天皇と称する。

第六条　嫡出の皇子及び嫡男系嫡出の皇孫は、男を親王、女を内親王とし、三世以下の嫡男系嫡出の子孫は、男を王、女を女王とする。

2　昭和天皇以降の皇族は皇親と称し、初代皇親の五世孫以降は、皇室会議の議を経て皇族を離れる。

3　皇族を離れた皇親の五世孫までは皇別と称する。

第九条　天皇及び皇族は、養子をすることができない。**別に定める皇親及び皇別以外を養子とする**

第十二条　皇族女子は、天皇及び皇族**並びに皇別**以外の者と婚姻したときは、皇族の身分を離れる。

第十五条　皇族**及び皇別**以外の者及びその子孫は、女子が皇后となる場合及び皇族男子と婚姻する場合を除いては、皇族となることがない。

以上が、現時点で、私案としている改正要領である。

さて、「解説」に際して、くれぐれもお断りしておくが、「皇室典範」の性格が、当初の〝皇室の家法〟から、増補の際の官報告示によって、〝国法〟に変わり、さらに敗戦後の改変によって、〝憲法の下位に当たる一法律〟化していることである。

なぜそれを断るかというと、もともと私は、天子は元来、空間（地域）と時間（暦）とを支配するお方で、その身位を、法によって規制するのは間違いだ、というシノおよび日本法制史の権威瀧川政次郎博士の教を尊重しており、そのため、シナの文化を受容した日本の大宝律令でも、天皇の身位や皇位の継承については、まったく言及されていないことを承知しているからである。

それにもかかわらず、明治に入って、欧米文化の影響をうけ、それに引けをとらぬ皇室の法体系をつくるため、〝皇室の家法〟と称する「皇室典範」が出来たのである。これは、当時としては、叡智を集め非常な苦心の結晶であることは十分に承知しているが、やはり、法典という制約には、予想外の欠陥がともなうものである。

一、二の例を示せば、明治の「典範」は、「皇庶子」を認めているが、昭和天皇の御英断と内外世間の常識として、現今では文面からも消去されている。また皇位継承そのものも、外来文化を受容したため永年の生活習慣となった〝男系男子〟に制約されており、そのために、なかなか男子の生まれない昭和天皇が大変御心痛になったのは周知のことだが、今や、その直系に当たる徳仁皇太子殿下の御系統は、次の愛子内親王で、このままなら（「男系男子」に固執する現典範では）断絶の危機に直面されている。

その時には、秋篠宮悠仁親王殿下がいらっしゃると、楽観する論者がおり、現状では国民一般も同様に考える向きが多いと思われるが、これは大変な異常事態なのである。なぜなら、皇位継承が、直系の徳仁天皇系から傍系（甥に当たり、直系ではない）の悠仁親王系に移るのであり、これは、伊藤博文（岩波文庫『憲法義解』一二九頁）のいわゆる〝皇位継承についての「三大則」〟の「第三、皇祚は一系にして分裂すべからず」の忠告に背くものであろ。その意味は、別に論じたことがあるので、ここでは割愛するが、日本の内乱は、皇位が「兄弟相及ぶ」という〝分裂〟から発生する実例が多いこと、大方の史家の認めるところである。

人間の手になる法制下では、想定外の異例の出来事が生ずるのであって、その時には、時宜にしたがって修正するのが常識である。私が「改正」というのは、この意味であって、何も自ら考える独自の理想的な「典範」私案を、提示するようなつもりは毛頭ない。専門外の法典の文案に、クチバシをはさむのは、学者として過分の振る舞いに堕することを承知している。したがって、前記の典範の「改正私案」は、あくまで皇統の万葉一統のための「要領」を示しただけのことで、この趣旨で採用される点があれば、国家の然るべき機関において、さらに検討していただく、いわば叩き台か、参考資料として提示しているにすぎないのである。

それ故、「私案」は、

①なるべく原文（現行典範）の文字を活かし、必要最小限の問題点のみを示した。

②新しく「皇親」（現在の皇族とほぼ同義）と「皇別」の用語を採用したが、ともに大宝・養老令や『新撰姓氏録』という勅撰の古典に見える由緒ある言葉で、私が勝手に作った用語ではない。

天皇の親族概念図（私案の要領）

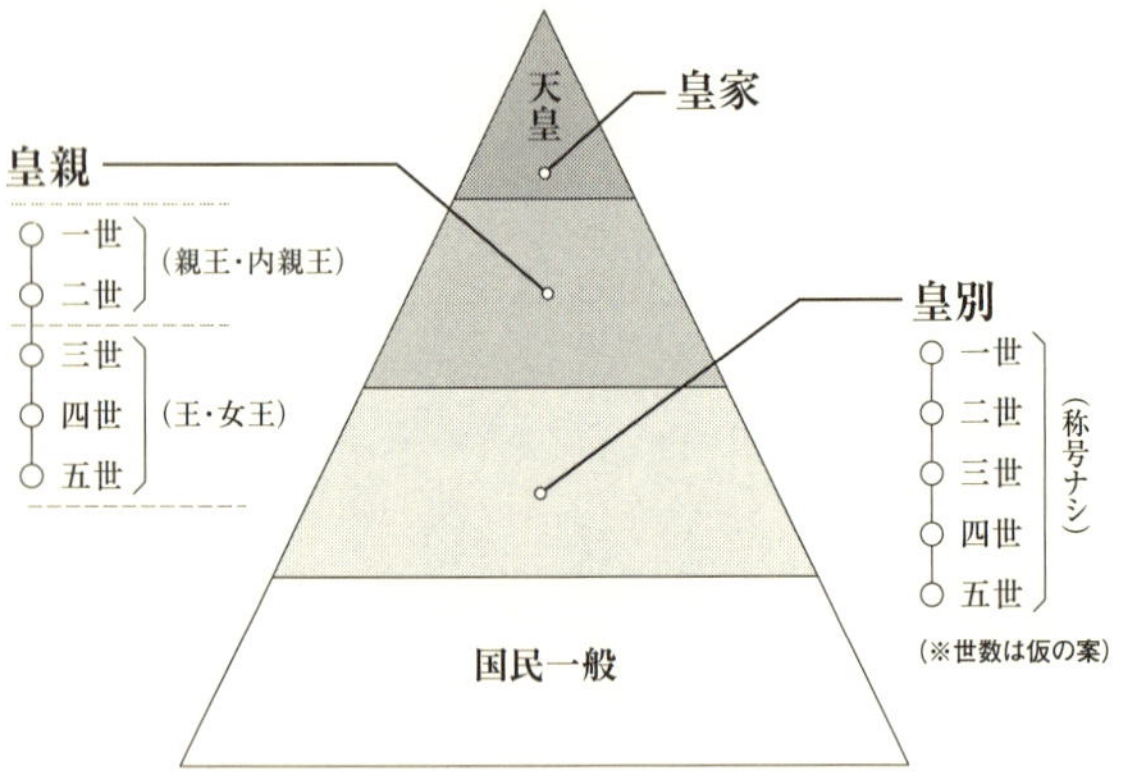

③そしてこの用語の使用により、〝永世皇族〟という現状の制度の欠陥を補い、また皇族女子の婚姻のお相手（皇別、すなわち男系）の受け皿を拡大して、男系の可能性を豊かにしたつもりである。その結果として〝男系男子〟派も反論の余地が少なくなることを期待している。

④「皇親の五世孫以降」や「五世孫まで」（改正案の第六条）とした「五」の数字は、歴史家としての私の仮の一案にすぎないので、これは現実と照合して、立法専門家が自由に検討して適当に改めてもらうことを前提としている。つまり、内閣法制局ないし特別の委員会で検討していただく素材にすぎないことを特に断っておく。（八月八日）

第十二章　イソップ寓話の戒めと吉報到来

獅子と熊の争いよりも解決を急ごう

第二部の基となったウェブページ「戀闕の友へ」を始めたのは平成二十五年の三月であったが、皇位継承の安定的永続は依然として混迷している。

その根本に横たわるのは、皇室尊重の精神をともにしながら、〃男系男子にこだわる〃守旧派と、私どもの現実に即した〃男女にこだわらない〃改革派との対立である。

この現状を顧みて、私はイソップ寓話集の中の「獅子と熊と狐」（第二百話）を想い起こす。内容はご存知の方が多いと思うが、獅子と熊とが鹿の仔《こ》を見つけて、それをわがものにしようと喧嘩を始める。互いにひどい目にあわされ、半死半生の体で横たわっていたところへ、狐が通りかかって、あっさりとその仔鹿を失敬してしまう。

獅子と熊は嘆いていう。「われわれは惨《みじ》めなものだ。結局、狐のために戦い合っていたわけだから」と。

男系・女系で激しい論争をしている間に、もはや悪賢い「狐」に当たる〝天皇制廃止ないし無関心〟論者が、ボツボツと姿を現してきているのを、私は実感している。

一体、論争の目的と本質は何なのか、それを互いに反省し、解決を急がねばならないと思う。

産経「憲法」起草者が「男系へのこだわりは無理を生じかねない」

そのような気持ちを抱いている時、思いもかけぬ吉報に接した。つい先日の平成二十五年八月二十日発行の西修《にしおさむ》氏の力作『憲法改正の論点』（文春新書）である。

西氏は、政治学博士・法学博士を兼ねて、現在、駒澤大学の名誉教授だが、世界各国の憲法に精通する博識である。

そしてご承知の産経新聞社の試案「国民の憲法」要綱の起草委員会の五名の中の一人で、憲法関係では中心的業績をもつ学者である。そして産経新聞「国民の憲法」の特色の一つが、〝皇位継承は男系子孫に限る〟とした点にあり、その文言「男系の子孫」を憲法「第一章天皇」の第三条に明記したことが、同新聞紙上でも大々的に特筆されていたことは、小著の第二部第六章に評論した通りである。

ところが、西氏の著書には、次のように記されている。

思うに最も大切なことは、連綿として続いてきた皇室を今後も、存続させることである。何が何でも『男系』にこだわり、憲法に明記することは、無理を生じかねない恐れがあるのではないだろうか。むしろわが国の歴史は、（中略）八人十代の女性天皇が誕生しているることからも理解されるごとく、その柔軟性にあるのではないだろうか。伊勢神宮の内宮におしずまりになっているのは、女性神の天照大御神である。皇位継承が成文化されたのは、明治になってからのことである。現在の皇室典範第一条は『皇位は、皇統に属する男系の男子が、これを継承する』と定められている。憲法に固定的に規定するのではなく、法律（卓注、皇室典範を指す）として規定し、万が一の場合に備えて、選択肢を多くしておく方が妥当ではないかと考えるしだいである。その意味で第Ｂ条（卓注、西氏が本書に掲示する独自の「改正要綱」の中の一条）は、現行憲法第二条のままとした。（一八〇頁）

これは重大で、注目すべき発言である。そしてその議論の核心は、これまで私が本書で述べてきたところとほとんど共通している、といった感がある。

つまり、現行憲法の第二条には変更の手を加えることをしないで、「男系の子孫」に関しては、皇室典範という一法律として残しておけば、万一の際に変更しやすい柔軟性があるとするのである（もっとも、私見の立場から忌憚なくいえば、「万が一の場合に備える」なら、小欄の第十一章に述べた「私案」のように、初めから改正しておけばよいと思われるが、西氏の本書の場合は、「憲法改正の論点」だけを問題としており、〝皇室典範の改正〟までは言及していないのだから、それは望蜀《ぼうしょく》の憾《うら》みとして差し支えあるまい）。

私は先に産経新聞試案の第三条（「男系の子孫」の表現）は〝上手の手から水がもれた〟（第七章）と評したが、肝心の起草委員会の大黒柱というべき西博士に、この告白があるとすると、これは〝水漏れ〟どころか、〝床上浸水〟に近いのではないか。それにしても、今の段階で、西博士が堂々と憚《はばか》るところなく、この発言をされたのは、学者の良心を示す範として、敬服にたえないところだ。これが吉報の到来である。（八月三十一日）

第十三章 『皇室典範』に流れる〝男尊女卑〟思想

伊藤博文と井上毅の男尊女卑

伊藤博文は、日本歴史上、特に明治時代の英傑である。その働きは各方面にわたるが、帝国憲法、皇室典範の制定についても、その貢献は大きかった。現に『大日本帝国憲法義解』も『皇室典範義解』も、ともに伊藤博文の著述とされており、内容は、当時の内外識者の叡智を集めた労作だろうが、伊藤がその中心に立ったことは明らかである。そしてその博文を補佐した側近の人物として、井上毅《こわし》の存在が特に大きかったことも学界の通説とされている。

さらに『皇室典範』起草に関しては、明治十九年に宮内省中心に起案した『皇室制規』（男系中心だが、男系絶ゆる時は、女帝も容認した）に対して、井上毅が『謹具意見《きんぐいけん》』を提出し、それが『典範』の男系男子論に強く影響したこともよく知られている。そしてこの点については、「謹具意見」の中で、島田三郎と沼《ぬ》間《ま》守一《もりかず》の発言記録を引用しており、それが「皇室典範起草過程に影響し、あるいは利用された」という指摘は、『日本近代思想大系』２（岩波書店、昭和六十三年五月発行）の「解説」（五二五頁）に見える通りである。

そこで改めて島田・沼間の意見を確認すると、これは、自由民権結社の嚶鳴《おうめい》社における「女帝を立てるの可否」というテーマの討論筆記であり、内容は全文、同上の岩波「大系本」に収められている（二七六〜九九頁）。

それによると、この討論会は、明治十五年（一八八二年）一月十四日に公開で行われ、嚶鳴社の社員十六人が出席し、議長高橋庄右衛門のもと、討論の結果、〝女帝を否とし男統の登極に限る〟と主張する発言者は、発議者の島田三郎をはじめ、益田克徳《かつのり》・沼間守一の三名。それに対して〝女帝も可とする反対意見〟は、肥塚竜《こいづかりゅう》・草間《くさま》時福《ときよし》・丸山名《な》政《まさ》・青木匡《ただす》・波多野伝三郎の五名であったが、最後に議長が裁決のため、〝女帝立つべしと思考する者〟を起立せしめたところ、総員十六名中、起立したもの八人で、あたかも総員の半数となったので、議長の決によって、〝女帝を立つべからざる〟という説に決まった、というのである。

討論発言者八名の中、女帝の〝賛否が五対三〟であったのに、議長の裁決で少数派の三名の意見に決まったのは、男統発議者の島田が、反対論に対する答弁を兼ねて三回も雄弁を振るい、沼間が、嚶鳴社の主要な創設者で、一番の年長でもあったので、風格と説得力があり、反対の起立者が八名にとどまったのであろう。これは島田の策戦《さくせん》勝ちと見るべきである。

そして井上は、自作の『謹具意見』の中で、この討論会の島田・沼間の発言の一部を〝原文通り〟引用しているが、この引用の仕方は尋常の形ではない。信山社出版の『日本立法資料全集』一六所収の『謹具意見』（三四七〜五四頁）の「第一」が、「男系絶ユルトキハ女系ヲ以テ継承スル事」についての「意見」部分であるが、その中で、「島田三郎氏曰ク」としての引用文（三段組）が九十一行。「沼間守一氏曰ク」としての引用文が二十九行の長さに及び、井上自身の「意見」はわずかに五十五行であるから、彼自身の文章は、島田・沼間両人のちょうど半分の字数にすぎない。そしてご丁寧にも「反対ノ論、之ヲ略ス」（三四九頁下段）と記入されている。つまり、『謹具意見』と題するけれども、「第一」の内容に関しては、要するに、嚶鳴社の討論会の男統派を代表する島田・沼間の意見の紹介にすぎず、甚だ奇妙な文脈といわねばならない。

そこで島田・沼間の論を改めて吟味すると（島田・肥塚の両論の要旨は、所功氏の『近現代の「女性天皇論』に紹介されている。展転社、平成十三年十一月刊。三〇〜三三頁）、その基本的姿勢は徹底的な〝男尊女卑〟の立場である。さらに厳密にいうと、現実の日本の国民性が、〝男尊女卑〟の意識で凝り固まっているという認識に立ち、その世情の中で、女帝を立てることは皇室の尊厳を失う、というのが、その最大の理由である。そして結局、井上毅もこれを支持し、伊藤博文もそれに同調して、明治の『皇室典範』が成立したのである。その島田の〝男尊女卑〟についての発言を引用すると、左のごとくである（傍点は引用者）。

我国今日の状態を見よ。男子にして妻妾を畜《たくわ》ふるも、社会未だ甚しき侮蔑を此人に加へず、女子にして数男を見《まみえ》れば、社会は如何なる眼を以て之を見んとするか。また見よ、貴賤一般の相続法を見よ。また長女却《かえつ》て次男に位置を譲るにあらずや。又見よ、民間夫妻の関係を見よ。男戸主の妻を迎ふるはもちろん、女戸主にして夫を納《い》るゝも、一旦結婚するの後は、内外の権一切夫に帰して、妻は其の命唯聴《ただきく》に非ずや。是等の風俗慣習あるにもかかわらず、男女無差別と云ふは、政治上の観察に於ては、不可思議の見解と云ふべきなり。人情すでに此のごとく、現状も亦此の如し。皇婿を出して女帝に配侍せしむるに於て、人民は女帝の上に別に貴者あるがごとき思を為すを免るゝ能はず。是れ予が威厳に害ありと云ふ所以《ゆえん》なり。（二九七頁）

また沼間の発言の一部を引用すると、以下の通りである。

此に男女の子を有する者あらん。其長子女にして次子男なるときは、其家を相続せしむるに男子を以てする乎、抑《そもそも》女子に譲らん乎。我国風、其長たり次たるの順序に拘らず、男子に相続せしむるにあらずや。是れ独り我国のみ然るにあらず、又民間のみ然るにあらず、立憲君制の諸国と雖《いえど》も、此のごときなり。王家と雖、亦このごときなり。然らばすなわち男女に区別なしと云ふ可らず、男女に階級なしと云ふ可らず。反対論者にして此簡単見易き事実を暁《さと》らば、すなわち女帝を立るを可とするの謬見《びゅうけん》なるを覚らんとす。すでに此区別あるを見ば、何ぞ奇論を立て反対を為すを要せんや。又男を尊び、女を卑むの慣習、人民の脳髄を支配する我国に至ては、女帝を立て皇婿を置くの不可なるは、多弁を費すを要せざるべし。（二八八〜九頁）

以上が男統論者の討議の一端である。明治調の演説で難解だが、その時代を実感するには原文で示さないと、要旨や結論の記述だけでは不足する。見られよ。彼等の思想の底流に「男尊女卑」の感覚が染みこんでいることは明らかであろう。

そして彼等に共通する思想は、男子が妻以外に妾《めかけ》をもっても別に不道徳ではなく、当然のこととしている点である。

事実、幕末から明治初期に活躍した政治家の中には、公然と妾をたくわえていた実例が少なくない。

私はその方面の研究は不得手で無智だが、伊藤博文の女遊びは有名な話であり、梅子夫人以外の女性が二人（女中と芸者）いた。井上毅も先妻（歿）後妻の他に側室（女子三人生む）が一人あった。勝海舟が妾を何人もかかえていたことは、平成二十五年九月五日の「産経抄」の記事で知った。しかもその筆者によると、「婚外子相続」についての最高裁の判断について、現行の民法が「法の下の平等の原則に反するのは明らかだ」と最高裁判定に賛同しながら、法律婚の摘出子との関係に言及し、「ただ、『家庭を壊された』嫡出子側の憤りを思えば、手放しで喜ぶ気にもなれない」というのは、確かに常識的な判断で、評価される。ただし、それに続けて、「そもそも、家庭の外で子供を作るほどの覚悟があるのなら、自分の死後、せめて遺産相続で子供たちがもめないように手当をしておくのが、『男の甲斐性』というものだろう」というのは、いただけない。皮肉のつもりだろうが、この書き方では、現状でも、「甲斐性」のある男なら、愛人を置いてもよいのか、と思わせる誤解を生むからである。

男系男子固執論者の底にあるのも男尊女卑

私自身も、戦前の男尊女卑の風潮の中で育った独り子だが、その男女観を大きく変化させられたのは、戦後の男女共学の教育に携わってからである。ことに大学の卒業論文を評価すると、上位の多くが女子であるのに驚いた。学長会議などで他の大学の実情を尋ねても、ほとんど同様だ。戦後の、行きすぎた過激な男女平等論や急進的性教育は困りものだが、その混乱期を通り抜けて、今や次第に冷静さを取りもどし、男女共同参画が落ちついてきたことは喜ばしい。

伊藤博文や井上毅は、少なくとも男女観については、不幸な時代の人物であった。私が彼等を惜しむのはこの点である。

もともと一夫一婦の時代に、側室（妾）や養子なしに、〃男系男子の家系の永続〃など、自然の道理としても、とうていあり得ない。さらに過去の史実が実証するのみならず、現実にも現在、皇家の直系において、その危機に直面されているではないか。

以上、現『皇室典範』の第一条の「皇統に属する男系男子」を、「皇統に属する子孫」に改正すべき理由を示すため、明治『典範』の成立過程における、〃男尊女卑説〃の由来と実情について縷言《るげん》（こまごまと述べること）した。

〃英雄、色を好む〃とか〃亭主関白〃とかいうのは、腕力以外の生活力で、女性に劣る男性の〃負け惜しみ〃からの発言で、もし、女性に男性と同じ環境と条件を与えれば、女性の方が優位に立つことは、別に私が研究論文で記したように、日本古代の、女性の尊称である「トジ（刀自）＝戸主」の実例からも証明される。もし、現代で検証したいなら、文部科学省の小・中学校で行われている全国統一の学力テストの〃男女別〃の学業成績を公表してもらうと面白い。男女に能力差のないことが知られるであろう。

やや脱線したが、〃男尊女卑〃の弊害が、〃男系男子固執論者〃の思想の底流にあることを論じたつもりである。読者、幸に諒恕《りょうじょ》したまえ。（九月七日）

第十四章「皇祚は一系にして分裂すべからず」

次の次の天皇は直系ではなく傍系に当たる

シナの古典に、「智者」を戒めて「千慮の一失」という言葉がある。

伊藤博文ほどの智者でも、時として、世俗慣習の時流に棹《さお》さして、「男尊女卑」にこだわり、そのために『皇室典範』に欠陥を招いて、今や皇家（直系）は、「皇長子」に「男子」が無いために断絶し、皇統は秋篠宮家へ継承せざるを得ない事態を迎えている。

現状では、秋篠宮文仁親王は、今上陛下の第二皇子で、徳仁親王（皇太子殿下）の弟に当たられるが、必無《ひつむ》のたとえで恐れ多いことながら、仮に次の世代、すなわち徳仁天皇（仮称）の御代を迎えると、弟の秋篠宮文仁親王の男子の悠仁親王は、天皇の甥《おい》に当たられるから、光格天皇（第一一九代）以降七代、二百三十余年、一系の形で継承されてきた現在の皇統は、直系ではなく、傍系に移行することになるのである。

これは、天智天皇（第三八代）と大海人皇子（後の天武天皇〈第四〇代〉）の場合とよく似ている（第三九代が欠けているのは、明治三年〈一八七〇年〉に大友皇子を「弘文天皇」と追諡《つい し》〈崩後、天皇の称号をおくること〉されたからである）。

御二方は、ともに舒明《じょめい》天皇の御子で、同母の御兄弟であったが、皇位継承をめぐる紛争の〝壬申の乱〟後、弟の大海人皇子が天皇に即位されると、その後の皇統は、天智天皇の直系ではなく、傍系の天武天皇（第四〇代）系となったのと同様である。

その後、間もなく、都は飛鳥から奈良に遷り、いわゆる奈良時代が始まる。そして淳仁天皇（第四七代）までが天武天皇系で続き、第四八代は重祚の称徳天皇だが、その次の光仁天皇（第四九代）からは、再び天智天皇系に復帰した。この有名な史実が想起せられる。

これは、後から皇統の略系図を見れば、何でもない皇家一統の継承図のように思われようが、宮内庁所蔵『皇統譜』を見れば、「天智天皇」は「皇統第三十八」・「世系第三十一」、「天武天皇」は「皇統第四十」・「世系第三十」とあるものの、「光仁天皇」は「皇統第四十九」、「世系第三十二」とあって、その間の「皇統」と「世系」の数字は、非常に複雑で、簡単ではない。

これは奈良時代を研究する史家にとっては、天智・天武両天皇系の対立として、古来、重視されるところで、政治史的にも種々の波乱を含んでいる。つまり、皇家の〝分裂〟は、互いの対立をはらみ、時として内乱の重要な原因となっているのである。

壬申の乱以降の史実を、松下村塾《しょうかそんじゅく》で学んだ伊藤博文は、〝皇統分裂〟の危機を十分に承知していたはずである。おそらく、それを念頭に置いて、『皇室典範義解』の「第一章皇位継承」の「第一条」の義解（岩波文庫一二九頁）に、「祖宗の皇統とは一系の正統を承くる皇胤を謂ふ。（中略）皇統にして皇位を継ぐは必ず一系に限る。而して二三に分割すべからず」と述べ、重ねて「三大則」の「約説」の中でも、「第三、皇祚は一系にして分裂すべからず」と繰り返し忠告している。「皇祚」とは天皇の位、皇位のことである。

さらに博文は、具体的に、二百五十年ばかり前の周知の事例を以下のごとく引用している。

「後深草天皇以来数世の間、両統互に代り、終に南北二朝あるを致しゝは、皇家の変運にして、祖宗典憲の存する所に非ざるなり」（同上頁）

この「後深草天皇以来」云々というのは、第八八代の後嵯峨天皇の後に、第三皇子（後の第八九代後深草天皇）と第六皇子（後の第九〇代亀山天皇）との、両系統に〝分裂〟し、朝臣も前者の持明院統《じみょういんとう》と、後者の大覚寺統《だいかくじとう》とに分かれて対立するようになったこと、そして幕府が干渉を強めて両統迭立《てつりつ》（かわるがわる帝位に立つこと）の約束を成立させたこと、その後さらに〝南北両朝の争乱〟となったことを指し、これを伊藤博文は「皇家の変運」と嘆いたのである。

近来の男系固執派の中では、「三大則」の「第一」の「皇祚を践むは皇胤に限る」と、「第二」の「皇祚を践むは男系に限る」の二項目だけを強調して、「第三」の項目を軽視、ないし無視する傾向がある。

これは、傍系容認の立場からの偏見である。

〝皇統の分裂〟の危機については、『皇室典範』の本文には言及されていないけれども、『義解』でわざわざ補足しているのは、伊藤の忠誠心からである。この博文の真情、深憂とするところを見逃してはならない。

次世代皇太子を愛子内親王に

このように国史の実相を洞察すると、吉田松陰の説くごとく、皇国、すなわち日本国家の統治者が、神武天皇以来、約二千年にわたり、皇家の「万葉一統」であることは事実であり、これこそが〝日本国体の世界に例を見ない誇り〟である。

しかしこの〝一統護持《いっとうごじ》〟の皇位の継承をめぐって、皇統に属する以外の豪族の野心家が、皇位を盗もうとしただけでなく、皇族の中にさえも皇位につくために、出処進退を誤るお方のあったことも、絶無とはいえない。しかし、その危機を防ぎ、国体を護持し得たのは、優れた英主天皇の聖徳と、忠臣義士の殉国《じゅんこく》の働きであった。

この事実を忘れて、徒《いたずら》に皇統の「万世一系」を称えるのは、いわゆる美化史観に他ならないのであって、私の採る立場ではない。

まして、「男尊女卑」のシナ思想の弊風にもとづく〝側室制度〟を底流とする、明治の『皇室典範』の「男系男子」主義を固執して、迂闊《うかつ》にも、一系の皇統を「分裂」することは、博文の忠告する通り、将来に重大な危機をもたらす恐れがある。それでは、この危機を回避する道はどうすればよいのか。

それは極めて単純明白なことだ。第二部、第十一章の私案に示したように、現『典範』の「第一条」の「男系の男子」の五字を、「子孫」の二字に改正するだけの決断で事足りる。

さらに私案の「第六条」の「2」（皇親）と「3」（皇別）を付加すると、当面の対策は十分であろう。このことが国会で改正され、成立すれば、次世代の「皇太子」は、申すまでもなく、現皇家〝直系〟の「愛子内親王」であり、その時代には、お相手に当たる適齢期の皇婿の「皇親」「皇別」も、相当数実在せられ、女性宮家創設案で皇婿適任者の見当たらなかった現状とは、比較にならない。

もっとも、これで果たして男系固執派諸氏が納得するかどうかは判らないが、少なくとも、反対が出来ないことだけは明らかである。

先日、二〇二〇年のオリンピックが、東京で開催されることが決定せられた。七年後であるから、愛子内親王は十八歳をお迎えになる。幸いに今上陛下が御健在なので、御代移りは文字通りの杞憂であろうから、新しい「皇太子」の御誕生には早いが、立太子にむけての万端の準備は整えられる。

なお、かような皇室制度上の将来の課題を心配して提案すると、例えば「元号法」の場合がそうだったが、当時私は、元号制度を法制化しておかないと、万一の場合に議論紛糾して賛否が決められず、元号制そのものが消滅することを心配して、昭和五十一年四月十七日に二村化学株式会社社長二村冨久《ふたむらとみひさ》氏と連名で、福田赳夫《たけお》首相（当時）宛に「年号制度の永続についての要望書」を提出し、その他の人々の協力もあり、元号法案は昭和五十四年六月六日に成立した。

そのことがあったので、「昭和」より「平成」への御代移りが順調に運ばれたのであった（拙著『皇国史観の対決』所収、昭和五十九年二月十一日、皇學館大学出版部発行）。

しかし、その当時、一部の右翼論者から、天皇の御生前において、崩御後のことを文案で規定するのは〝不敬〟であり、臣道《しんどう》に反するという非難をうけて驚いた。

しかし、それなら、現『典範』の「天皇が崩じたときは」（第四条）とか、「天皇が、精神若しくは身体の重患」（第十六条）等の表現はどうなるのか、と反論して、事無きを得た。将来の「皇太子」選定論も、同様な受難が予想されるが、識者は正しく理解して下さるであろうことを信じて、この拙文を綴ったのである。

やがて、東京オリンピックの開会式場には、太陽から採取された聖火のもと、天皇・皇后両陛下をはじめ、〝日《ひ》嗣《つぎ》の御子〟（皇太子）・同妃両殿下と、〝日《ひ》のまなこ（最愛子）〟愛子内親王の三代がお揃いで、主催国貴賓《きひん》席にお並びになることであろう。

敗戦の痛手と、天災の被害を乗り越えた「日本」にも、再び新しい陽《ひ》が昇ることにちがいない。

私は、おそらく天翔《のぼ》りつつ、その朝の到来を祈りたい。（平成二十五年九月十五日）

第十五章　渡邉前侍従長の独り言「女性の天皇ができないことはありえない」

公開された渡邉前侍従長の講演

今年（平成二十五年）十月十九日、公益社団法人『國民會館』主催で渡邉允《まこと》氏の講演会が、東京の国際文化会館で開かれた。私は体調の都合で出席はできなかったが、聴講した京都大学名誉教授の積年の親友某氏から、翌二十日に、直ちにその内容に対する所感がメールで報告されてきた。

渡邉氏（現、宮内庁参与）は、十年半、侍従長として今上陛下にお仕えし、その著書もあれば、最近話題となった「女性宮家創設案」の推進者の一人としても周知の、憂国忠節の士である。私はお会いしたこともないが、某氏は昵懇の間柄と聞いている。その某氏が、今回の講演内容は、従来の渡邉氏説より「一歩二歩踏み込んだ内容で驚きました」といい、「私の個人的な意見ですが、と断られながらも、女帝をも認めるべきこと、女子の皇族も認めるべきこと、女系の皇族も認めるべきこと」、さらに「また側室を廃されたことは、皇統の継続のためには制度の根本的変革で、それへの対処は、一時の対策ではすまない、とも申されました。相当の決意で臨んでおられると見受けました」と書かれている。

もっとも、某氏は、講演会の直前にも、渡邉氏と個人的に懇談された由《よし》なので、事前の要談と、公開公演の内容とが、混淆《こんこう》している恐れもあり、以上の話がすべて公開された内容なのかどうか、確かめる必要がある。

しかし間もなく発刊された『國民会館』の「講演会報告書」にも、要約ではあるが「皇位継承について」の項目に、次の通り書かれていた（なお、この報告書は渡邉氏にも送呈ずみ）。

これからは私見である。将来天皇に跡継ぎの方がおられなくなった場合のことを考え、戦後に臣籍降下された旧皇族に皇族へ復帰していただき、その中から天皇になっていただくべきという主張があるが、私はそれに与《くみ》するものではない。

即ち、「血の一滴が繋がっている」ことが大切なのか、「皇族として陛下が毎日なされることをお近くで見てこられている」ことが大切なのかの問題である。天皇の背中を直接見ていないのに、ただ血の繋がりだけで天皇になっても、現在及び将来の皇室の役割は果たせないだろう。

従って過去に八名おられ、立派にその役割を果たされた「女性天皇」を可能とするべきであり、「女系天皇」についても、確かに百二十五代男系が続いた歴史的事実があるが、それはその時の社会情勢がそうしたのであり、また一夫多妻が許されていたことが大きいことを考えるならば、同じく可能とするべきである。

これならば、前述の某氏のメールの内容とまったく相異しない。そして、私がこれまで本書で縷々《るる》述べてきたのとほとんど同じ論旨ではないか。私は、早速この内容を知らせていただいた某氏の友情に感謝すると共に、確かに渡邉氏が「相当の決意」で臨まれたことを察知して驚くと同時に、敬意を表した次第である。

渡邉前侍従長の貴重な本心

しかし歴史家というものは自分自身で確かめないと気のすまない性癖がある上に、右の渡邉氏の発言は、極めて貴重で重大な内容なので、それを肉声で確認することにした。

幸いに私は『國民會館』の顧問でもあるので、事務局の責任者にお願いして、講演要旨が録音盤通りの内容かどうかを吟味していただいた。それによると渡邉氏は、講演の最初の部分で、「皇位継承問題についても、これは法律の問題であり、法律の問題と言うことは政治の問題であるので、陛下はご意見を仰《おっしゃ》らないのである」と断っておられるが、最後の段階で、意を決した様子で、次のごとく話されたという。

　皇位継承との問題の関係で、要するに跡継ぎの方がなくなるのであれば、いわゆる旧皇族、終戦後臣籍降下された旧皇族の方に復帰していただいて、その中から将来の天皇もあれ《（ママ）》したらいいんじゃないかと議論をされる方があるんですけれども、私はやっぱり、そういうもんじゃないと思うんです。と言うのは、「血の一滴が繋がっている」ことが大事なのか、それとも「陛下がずっと毎日毎日やって来られたことをお近くでずっと見て来られている」ことが大事なのかの問題に結局なるんじゃないかと思うんです。何もしない天皇で、血のつながりだけが、意味があるということであれば、それは要するにすごく長い遠い遠い親類の方をもう一遍《いっぺん》持ってきてすると言うのは意味があるかもしれないけど、今、現在それから将来にわたっての天皇と皇族のお役割というのは、そういうただ名前だけで、私の先祖はこうだったと言っていることではだめなのです。客観的にそれじゃどうなんだと言われても困るんですけれど、私はまさにそういう背中を見て育っていないのですが、そういうことでなければいけないと思います。

　それからさらに言えば、女性の天皇は日本に八人おられたのであり、皆さん立派にやって来られたわけだし、女性の天皇ができないことはありえないのであり、女系かどうかと言う話は、これは勿論歴史的な事実として一二五代男系で続いたということがあるけれど、それはその時の社会情勢がそうしたのであり、京都のお公家さんの世界の中の話であるし、それから何と言っても、いわば一夫多妻というと変だが、正妻以外の女性を子どもを生ませるために近づけたことを許していた社会の話ですから、全然状況が違う訳ですね。だから本当に皇室の将来を現実的に考えるならば、私はそういうことを考えるべきじゃないかと思っております。ただこれは一寸あれ《（マヽ）》なので、私の個人の意見を、言わば独《ひと》り言として申しあげたということで、聞いていただきたいと思います。

以上が、渡邉前侍従長の生《なま》の声そのままの書き移しである。高齢（昭和十　年生まれ）のお方の講演で、しかも慎重を期して区切り区切り話されているので、言葉の整っていない点もあるが、それだけに臨場感があり、論旨そのものは、前述の某氏の要約された通りと申してよい。

この渡邉前侍従長の講演内容には、私の身分や立場では、到底説き得ない重要な観点からの指摘もあり、これを本書の〝あとがき〟として擱筆《かくひつ》する。（平成二十五年十一月二十三日）

幻冬舎新書 332

愛子さまが将来の天皇陛下ではいけませんか
女性皇太子の誕生

二〇一三年十二月二十五日 第一刷発行
二〇二二年 二 月 五 日 第三刷発行

著者 田中 卓

発行人 見城 徹

編集人 志儀保博

発行所 株式会社 幻冬舎
〒一五一－〇〇五一 東京都渋谷区千駄ヶ谷四－九－七
電話 〇三－五四一一－六二一一(編集)
〇三－五四一一－六二二二(営業)
振替 〇〇一二〇－八－七六七六四三

ブックデザイン 鈴木成一デザイン室

印刷・製本所 株式会社 光邦

Printed in Japan ISBN978-4-344-98333-5 C0295
た-15-1